本专著是在2021年湖南省级一流本科课程“财务管理”，湖南省教研教改重点项目“应用型本科商科专业校企联合打造课程思政育人共同体的方法与实践”（HNJG-2021-0171）、“智能财务背景下‘四位一体‘管理会计课程教学改革研究”（HNJG-20230953），教育部产学合作协同育人项目“基于智能财务共享平台的《业财一体化综合实训》教学改革研究”（230900793143548）资助下完成的阶段性成果。

YI XUESHENG WEI ZHONGXIN DE
GAOXIAO JIAOXUE ZHILIANG PINGJIA YANJIU

# 以学生为中心的
# 高校教学质量评价研究

刘喜梅　潘立军　罗先进◇著



湘潭大学出版社
XIANGTAN UNIVERSITY PRESS

# 前言

“以学生为中心”教育理念是深入贯彻以人民为中心的新时代社会发展思想的重要体现，也是落实办好人民满意大学这一任务的迫切需要。在高等教育大众化、普及化发展趋势下，如何在教育教学评价中突出“以学生为中心”的质量导向、目标导向与改革方向，事关新时期我国高等教育改革成败关键。本书围绕以学生为中心的高校教学质量评价这一主题，首先深入分析了以学生为中心的高校教学质量评价的研究背景、意义；随后从以学生为中心的高校教学质量评价的相关概念、指标体系、影响因素、研究方法等维度，构建以学生为中心的高校教学质量评价理论框架；最后从“以学生自我素质教育为驱动的高职院校教学质量评价”“以学生满意度为驱动的高职院校教学质量评价”“以学生满意度为驱动的应用型本科院校教学质量评价”“以服务地方经济为驱动的高职院校教学质量评价”“以服务地方经济为驱动的应用型本科院校教学质量评价”五个应用场景，介绍以学生为中心的高校教学质量评价方法，并提出相应的改进对策。这对新时期围绕“以学生为中心”不断提升高等教育教学质量具有重要价值。

相对于同类书籍，本书的特色主要体现在以下几方面：(1) 聚焦高等教育“以学生为中心”的办学理念，系统性构建以学生为中心的高校教学质量评价理论体系；(2) 围绕高职院校与应用型本科院校这两类高等教育学校开展“以学生为中心”的教育教学评价方法与改进对策研究，全面聚焦我国大学教育的主体与基础；(3) 在教学质量评价中既突出了大学培养教育人才知识与技能的基本要求，又突出了高职院校与应用型本科院校服务地方经济的办学目标。

特别感谢湖南工程学院王染老师与黄文雅老师对本书写作给予的支持。

# 前言

# 目　录

# 第一章　绪　论

人才培养是高校教育工作的核心点，教学质量的好坏直接影响人才培养的质量。提高教学质量是当前亟待解决的问题。学生是教育的主体，“以学生为中心”是高校适应新形势的重要理念。本章基于“以学生为中心”的教育理念，通过对研究背景和意义的分析，以及对国内外相关研究成果的梳理，阐述以学生为中心的高校教学质量评价研究的目标、内容、方法和创新点。

## 第一节　研究背景及意义

### 一、研究背景

在飞速发展和竞争激烈的国际环境中，科教兴国发挥着促进国家发展的战略作用，高等教育承担着为国家培养高素质、创新型人才之重任。百年大计在教育，教育大计在教师，教师教学质量评价因其对教师专业发展的反拨效应以及对教学实践的诊断和促进作用，成为高校进行教学质量建设和保障人才培养的重要抓手，也是学界关注的焦点问题之一。[①] 教师教学质量的优劣直接影响着高校人才培养质量，包括学生对知识的理解、技能的掌握、知识的运用，进而影响学生毕业后的就业能力、服务社会能力。因此，开展高校教学质量评价研究一直是学者们近年来研究的热点问题。然而，在教师教学质量评价实践中，评价理念陈旧[②]，大多数高校本着“可量化”“可比较”“可监督”[③] 的原

① 刘秀梅，张雪遥. 高校教师教学质量评价审思［J］. 高教探索，2022（4）：56-60+82.

② 吴鼎福，诸文蔚. 教育生态学［M］. 南京：江苏教育出版社，2000：176-272.

③ 马国勤. 成果导向的高职教学质量评价改革探索与实践［J］. 职教论坛，2021，37（5）：62-69.

则，采用简单易行的评价方式，评价总体框架去专业化，评价指标缺乏针对性；把教师教学质量评价当作对教师的考核和监督手段，学生参与教学质量评价变得越来越被动乏力，评价过程流于形式，重结果轻过程；多以知识作为评价标准而忽略了对学生能力标准的考核，评价内容重知识轻能力①；评价主体不全面。

“以学生为中心”是21世纪世界高等教育领域的一种新理念。联合国教科文组织于1998年在首届世界高等教育大会上预言，“以学生为中心”的教育思想必将成为21世纪高等教育的一种重要思想，对21世纪高等教育的发展产生深远的影响。2011年，英国出台了《把学生置于体系中心》的高等教育白皮书，直接把“以学生为中心”作为白皮书的标题，从政策上将学生的地位提升到整个高等教育系统的中心，其核心理念是在不否定教师作用的前提下，尊重学生的权利及意志，充分肯定学生在教学中的主体地位，关注学生各方面的需求，参与高校事务的管理与决策。

伴随着国内高等教育大众化的发展，新一代的学生在某些方面呈现出与传统学生不同的特点：一方面，他们可能不像传统学生那样对学习抱有极高的热情；另一方面，他们也不再将追求学术成就视为唯一的荣耀。然而，这并不意味着新一代的学生不重视学习或缺乏追求卓越的精神。他们只是在不同的时代背景下，以不同的方式去探索和实现自己的人生目标。教育者也关注到这种变化，“以学生为中心”，即根据学生的需求来制定课程和教学方案并配备资源。② 具体表现为：在课程、教学、服务、质量保障等教学质量建设的各个方面充分考虑学生的意见及建议，关注学生的体验。办学是否成功，教学是否成功，都需要看学生是否满意，是否具有学习的热情，否则教育是不成功的。2012年，由中国高等教育学会、华中科技大学联合举办的“院校研究：‘以学生为中心’的本科教育变革”国际学术研讨会暨2012年中国院校研究会年会在武汉召开，近400名海内外高校的校长、专家、学者围绕“以学生为中心”的本科教育变革的内涵及实现路径，进行了深入、理性的探讨。会上，美国杜肯大学威廉·巴罗内（William Barone）教授认为，美国、欧盟和中国先后实现了高等教育大众化，大学不再是只招收优秀学生和实行精英教育的地方，如何让众多学生成为主动的学习者，让他们对自己的学习更负责，是不同国家共同面临的问题。与会者达成共识：以学生为中心的本科教育变革顺应了国际、国内高等教育发展趋势，是提高我国高等教育教学质量的必然选择。白逸仙（2014）通过我国《本科教学质量报告》与美国NSSE（全国学生学习投入调查）的比较，提出应树立“以学生为中心”的教育评估理念，以诊断改进教学质量作为教育评估的根本目的，

① 张存贵，栾立明．转型高校教学质量评价改革策略探索［J］．职业技术教育，2017，38（11）：69-72．

② 王洪才．何谓“学生中心主义”？［J］．大学教育科学，2014（6）：62-66．

建立多元化的教育评估主体，重视教育实践过程，用科学的信息管理系统对教学质量进行定性与定量分析，扩大评估结果的应用范围等启示。①

潘懋元（2006）在借鉴国际教育分类标准的基础上将高等学校划分为学科型、专业型、职业型三种类型。其中，专业型高校为面向社会各行业领域设置专业的高等学校，多为省属和地方高校，在我国高等院校中占据很大比例；职业型高校即开展高等职业教育、根据岗位和岗位群设置专业的高等学校。② 目前，高职教育是高等教育大众化的主力军，高等教育大众化促使高职教育突飞猛进，而伴随着高职教育的规模扩张，其内涵发展和教学质量提升日益得到关注。

本书基于“以学生为中心”的教育理念，分别以湖南省高职院校、应用型本科院校中接受高校教学服务的学生为研究对象，对不同类型、不同课程教学质量评价问题开展系列研究，构建评价指标体系，分析教学质量现状与存在的主要问题、影响因素，并提出针对性的对策与建议。

## 二、研究意义

### （一）理论意义

一是进一步丰富了“以学生为中心”的高校教学质量评价体系的研究内容。高校教育教学的首要目的是提高学生学习质量，为国家培养适应社会发展的人才。近年来，关于高校教学质量评价体系的研究基本包括评价体系主体、内容、方法和制度等方面。“以学生为中心”教育理念的提出和发展为我国高校教师的教学提供了发展思路。本书基于“以学生为中心”的教育理念，从多个视角出发，通过构建教学质量评价指标体系，开展高校学生自我素质教育、课堂教学、实践性教学等系列问题研究，进一步丰富了“以学生为中心”的高校教学质量评价体系的理论研究。

二是通过不同类型高校教学质量评价指标体系与结构方程模型的构建与实证研究，为应用型本科院校和高等职业学院开展课堂教学、实践教学质量评价提供理论参考；为其提高课堂教学质量、实践教学质量，提升人才素质与就业能力水平提供了理论依据与决策参考。

### （二）实践意义

教育教学质量是高等教育发展的核心，教师教学质量的好坏，关系到学校的生存与

---

① 白逸仙. 走向“以学生为中心”的评估模式：以中国《本科教学质量报告》与美国 NSSE 为比较对象［J］. 中国高教研究，2014（11）：64-68.

② 潘懋元，陈厚丰. 高等教育分类的方法论问题［J］. 高等教育研究，2006（3）：8-13.

发展。以学生为中心的高校教学质量评价研究主要有以下几个方面的实践意义：其一，“以学生为中心”是21世纪世界高等教育领域的一种新理念，是我国高等教育逐步由大众教育向普及教育过渡、高校的办学职能和人才培养类型多元化的必然要求，符合时代所需，使学生更加清楚自己在教学中的主体地位，从而积极主动地为自己的学习质量负责，提高学生学习的积极性。其二，建立科学的评价体系，开展高校教学质量评价。通过对高校教师的教学质量评价，可以不断促进教师调整教学方向，改进教学方式，提升教学管理水平，督促教师提高工作责任感，优化教学过程和结果。同时，可以促进教师之间和师生之间的互相配合，建立良好的教学关系，对提高教学质量有很大帮助。其三，有效的教师教学质量评价，能使教育部门更准确地了解高校现阶段的教师工作状态和教学工作进展，从而有目的、有计划地开展高校教学工作；有利于教师通过评价结果的反馈不断进行教学经验的自我总结，不断发现自己在教学工作中的不足之处，并不断进行自我完善。

## 第二节　国内外文献综述

教师教学质量评价由来已久，美国学者近百年来对教师教学质量评价做了很多的理论和实践研究，取得了非常丰硕的成果。而我国高校教学质量评价理论及实践研究始于20世纪90年代，经过几十年的努力，我国学者在构建符合中国特色的高校教学质量评价体系方面做出了许多有益探索，在很多方面积累了成果，并应用于指导我国高校教学质量评价的实践工作。

以“高校教学质量”与“评价”为检索词在中国知网中检索1994~2023年间的相关研究论文，共找到学术论文283篇，其中北大核心收录38篇，CSSCI收录16篇，CSCD收录2篇，AMI收录2篇。获全国教育科学规划课题、国家社会科学基金、教育部人文社会科学研究项目、国家自然科学基金资助成果14篇，获各省教育科学规划课题、教育教学改革研究项目等项目资助成果39篇。

相关研究论文在1994~2023年间收录年份分布情况如图1-1所示。

从图1-1可以看出，有关高校教学质量评价的研究于1995年兴起，2004年以来，每年发表的论文均在5篇以上，2015年最高，共发文28篇，2019年次之，共发文24篇。

从研究主题来看，有关高校教学质量评价研究的主要主题有20个，包括“教学质量”“教学质量评价”“高校教学质量”“教学质量评价体系”“教学质量评价系统”“评价体系”“民办高校”“教学质量监控与评价”“大数据”“质量评价”“地方高校”“数据挖掘”“构建研究”等内容。具体统计结果如图 1–2 所示。

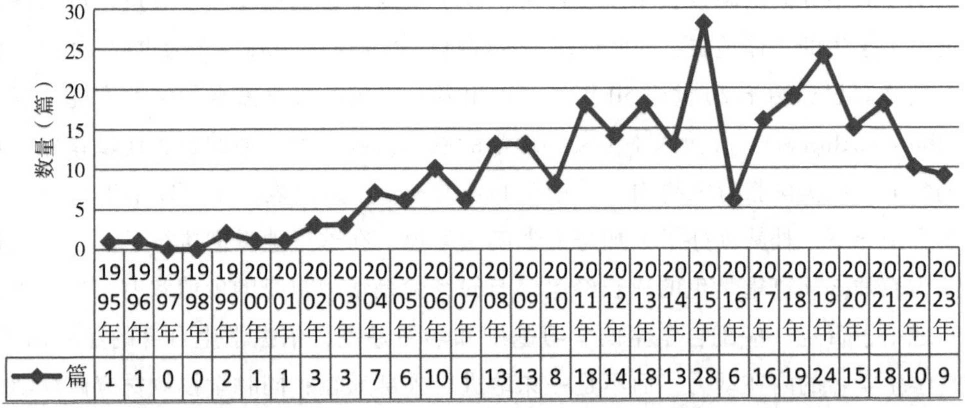


图 1–1　高校教学质量评价研究在 1994～2023 年间收录年份分布情况

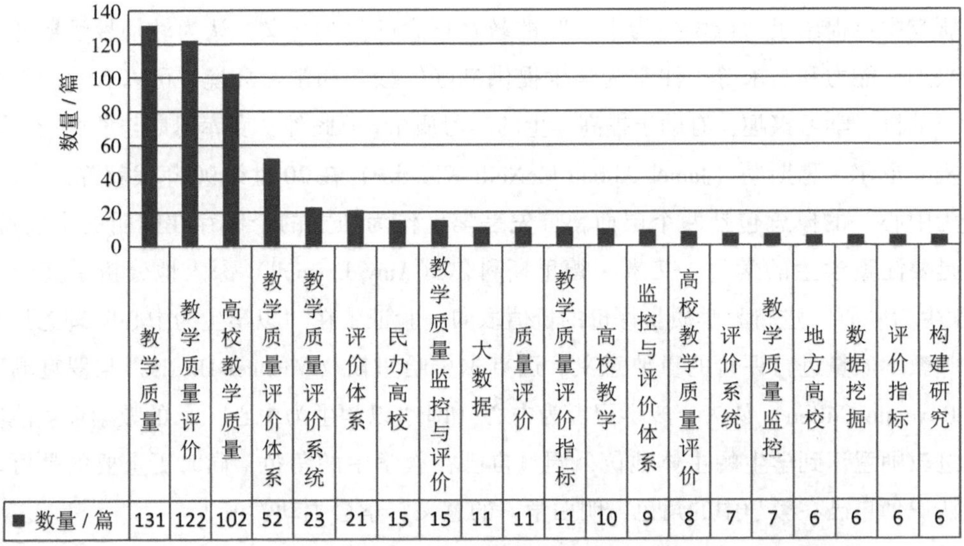


图 1–2　高校教学质量评价研究主题成果

从图 1–2 来看，研究成果呈现多角度、多元化特点，但关于学生评教的较少。

实践中，关于高校教学质量的评价模式一般可分为“以学生为中心”和“以教师为中心”两种。“以教师为中心”的教学评价方式主要关注教学输出，在实践中被批评为以偏概全，因此逐渐被舍弃；而“以学生为中心”的评价方式则重点关注教学结果，体现了以结果为导向的人才培养理念。因此，开展以学生为中心的高校教学质量评价理论与方法的系统研究具有重要的理论与实践价值。

## 一、关于“以学生为中心”的教育理念内涵的研究

区别于其他导向的高校教学质量评价，以学生为中心的高校教学质量评价的核心特征是突出了学生的主体地位，因此全面系统理解“以学生为中心”尤为重要。“以学生为中心”的教育思想始于20世纪50年代，提出者为美国心理学家卡尔·兰塞姆·罗杰斯（Carl Ransom Rogers）。作为人本主义心理学的领军人物，罗杰斯的思想在教育界也存在广泛的影响。以美国教育家约翰·杜威（John Dewey）为代表，在“以学生为中心”的教育理念指导下，杜威创办了芝加哥大学实验学校，在这里他贯彻执行了自己的教育理念，认为教师必须尊重学生的成长经验，旧的经验是学生自身的价值和财富的体现，不能一味地给予否定，应配合学生的学习基础和学习进度，依据学生自身的经验而进行，要维持学生学习的内在动力，而不是一味地进行外部灌输；同时学校教材应该与学生生活相联系，教师的教法也应符合学生身心发展的客观规律。杜威的教育理念为后来的“以学生为中心”理念的发展奠定了基础。马克斯韦尔·麦库姆斯（Maxwell McCombs）在其研究中也提出了“以学生为中心”的教育理念的深刻含义，认为教师教学要考虑学生的兴趣、能力和需求等，注重为学生提供良好的教学和学习环境，可以有效激发学生的学习动机、学习兴趣，有助于提高学生的学习质量。① 此外，麦库姆斯与詹姆斯·阿博特·麦克尼尔·惠斯勒（James Abbott McNeill Whistler）在20世纪90年代就曾指出，“以学生为中心”的概念包括两个层面，首先是学生作为独立的个体存在鲜明的个性特征，其次是要注重学生的学习。艾米·德里斯科尔（Amy Driscoll）深入地分析了高校坚持“以学生为中心”进行教学质量评价的价值取向，验证了在“以学生为中心”理念指导下对教师教学质量进行评价的重要意义。迈克尔·哈里斯（Michael Harris）与罗克珊·卡伦（Roxanne Cullen）认为，以学习者为中心（即“以学生为中心”）的教学环境能够有效促进教师意识到学生的主体地位，调整自己在教学中的角色，同时更重要的是可以使学生认识到自己在教学中的角色，明白学习的意义，学会主动学习。

早在2000多年前，伟大的教育家孔子提出人的天赋素质相近，个性差异主要是因为后天教育与社会环境影响，因而人人都可能受教育，人人都应该受教育，提倡“有教无类”，并依据学生的个性特征，采取不同的教育方法，实行“因材施教”，并最早提出“启发式”教学方法，“不愤不启、不悱不发”，主张教师应在学生认真思考并已达到一定程度时恰到好处地进行启发和开导。我国古代教育名著《学记》要求教师在教学中要“知其心，然后救其失（一个人做错了事，需要知道他做这件事的想法，才能来弥补这个

---

① 原雪．“以学生为中心”的高校教师教学质量评价体系的研究［D］．哈尔滨：哈尔滨理工大学，2019.

错误）”，即每个学生的心理状况不一样，发展的基础也不一样，好的教师会根据学生的不同心理状态施教，做到“因材施教”“因心施教”，补其所短，展其所长，知人才能善教，才能为人师。

## 二、关于教学质量评价指标体系的研究

教学质量评价指标体系是指教育活动数量和质量要求的具体评价内容的集合，是根据教育目标、评价对象和条件以及人们的意图、现有相关的各种规章制度和科学理论等进行考虑的评价内容的集合。在教学过程中，影响高校教师教学质量的因素有很多，通常包括教师的教学态度、教学内容、教学效果、教学方法等。

国外的教师教学质量评价起步较早，在教师教学质量评价、学生学习质量评价、教师和学生评价的发展，以及教师教学质量评价的方法、内容和教师教学质量评价发展的趋势等方面，有许多经验值得我们借鉴。国外对教师教学质量的评价更多地强调对教学过程的评价，即形成性评价，既注重对教学成绩的鉴定，又强调对教师课堂教学过程的评价，主要表现在注重动态评价，关注学生学习过程，淡化学习结果；注重教师素质的评价，同时也注重对学习的了解。① 国内有关教学质量评价指标体系的研究既有面向高校整体教学水平与质量等宏观层面的研究，也有具体到高校课堂教学、实践教学等微观层面的研究。本书将从高校整体教学、课堂教学、实践教学三个角度对近年来国内外关于高校教学质量评价指标体系构建的相关研究成果进行梳理。

### （一）高校教学质量总体评价

高校教学质量总体评价即将教学活动与过程视为一个整体，系统地对教学质量进行评判。马力、王晓君、柳兴国（2005）基于评价指标体系设计的综合性、通用性、简洁性和可操作性等基本要求，建立了包括教学态度、教学内容、教学方法与手段、教学效果以及教学状态等高校教学质量的综合评价指标体系。吴虹（2010）以湖南商学院的教学考评为例，采用 Delphi 法、模糊综合评判，构建大众化背景下高校教学质量评价模型，涉及教学态度、教学内容、教学方法与教学效果 4 个维度指标。胡平波（2010）强调，人文关怀的实质是指教师在教学过程中以学生为本的教学精神。人文关怀是高校教学质量的前提，是保证学生良好心理品质的基础。教师教学质量评价指标需要从教师的人文关怀、基础知识传授、扩展知识传授和能力培养等 4 个方面进行分析。郑延福（2011）综合运用文献分析法、访谈法、因子分析法确定了包括教师工作态度、课程内容设计、授课方法、学生政治思想与品德素质、学生自学能力等 13 个公因子的高校教学质

---

① 原雪．“以学生为中心”的高校教师教学质量评价体系的研究［D］．哈尔滨：哈尔滨理工大学，2019.

量评价指标。[①] 范岩、马立平（2018）以 BP 神经网络的非线性逼近能力的特点，对高校教学质量（作为输出）及其影响因素（即教学质量评价各项指标作为输入）进行系统仿真，提出教学先在因素、教学过程、教学效果是影响高校教学质量的因素。张林英、高群（2010）指出对学习结果有较大影响的因素包括学习动机、学习行为、教师素质和教学行为等 4 个方面。张丽（2014）运用因子分析法将指标归类为教学责任心、教学方法、教学水平三个潜变量。

### （二）高校课堂教学质量评价

课堂教学评价是高校教学工作的重要组成部分，其评价指标的科学性、客观性、有效性是广大师生关注的焦点，同时也成为教学管理部门改进工作的重点和难点。课堂教学是高校教学的基本组织形式，没有高质量的课堂教学就没有高质量的高等教育，也就没有高等教育的现代化。教育部在《关于狠抓新时代全国高等学校本科教育工作会议精神落实的通知》中提出“淘汰水课，打造金课”。“金课”与“水课”和课堂教学质量以及如何科学评价课堂教学质量，是新时代发展高等教育必须回答和解决的理论和现实问题。骆兰、薛艳、唐国强（2006）认为，高校课堂教学质量评估指标体系的构建应遵循科学导向、过程控制、纵向比较、整体一致、相对独立、可操作性等原则，并在此基础上从课前准备、课堂教学 2 个维度构建高校课堂教学质量评估指标体系。其中，课堂教学包括教学内容、方式、组织、态度、沟通、效果等 6 个二级指标。赵辉、沈月琴（2011）从学生视角构建了包括教学内容、教学态度、教学效果、教学方式 4 个维度，共 18 个指标的课堂教学质量测试量表。蔡红梅、许晓东（2013）借鉴现代教育评价模式理论构建了包括教学准备充分，内容熟练，情绪积极；严格管理，课堂秩序良好；教学内容系统、充实，节奏、进度安排合理；理论联系实际，反映学科前沿，利用事实、案例等引导式、启发式教学，帮助学生接受和理解相关知识，培养学生独立思考和创新的能力等 11 个指标的教师课堂教学质量评价指标体系，并使用探索性因子分析与验证性因子分析将课堂教学质量评价指标体系降到包括教学态度、教学内容、教学方法、教学效果、教学素质 5 个维度，运用层次分析法完成指标权重的确定。魏民、单媛媛、郑长龙（2022）结合“创造的教育”理念，认为高校课堂教学质量评价可以聚焦在内容（教什么）和策略（怎么教）2 个维度：内容维度基于科学哲学，从本体论、认识论、方法论和价值论等方面进行评价；策略维度基于课堂教学 CASES-T 模型，从情境、活动、手段等方面进行评价。赵作斌、黄红霞（2019）提出课堂教学质量评价的三个观点：一是课堂教学的本质是“学”，不是“教”；二是衡量课堂教学质量的标准是学生的潜质潜能“被开发”和对

---

① 郑延福．我国高等教育质量多元化评价指标的设计［J］．求索，2011（5）：177-178+156.

教学内容“内化”的程度，不是教师“教”的水平；三是课堂教学质量评价的重心是“评学”，不是“评教”。

### （三）高校实践教学质量评价

实践教学是当前大学生教育教学的重要组成部分，调研显示，实践教学的课时占比通常会达到人才培养课时总量的30%左右。对应用型本科院校学生与高职院校学生来说，该部分占比会更高。由于实践教学通常存在教学内容高阶性、教学方法多样性、教学组织复杂性等特征，其教学质量控制成为高校教学质量管理的重点、难点。因此，近年来，越来越多的研究者开始关注高校实践教学质量的评价。高维忠（2008）提出从实践教学目标、实践教学内容、实践教学方法、实践教学条件和实践教学管理5个指标设计旅游管理专业实践教学满意度测评指标体系。王红萍、刘青广、赵亚红（2008）在调查研究、专家咨询服务的基础上形成了包括教学管理、教学文件、教学过程、教学效果以及教学特色等5个一级指标的较为完整的实验教学质量评价体系。郑谦、汪伟忠、赵伟峰等（2016）从实践教学过程、实践教学师资、实践教学环境、实践教学质量监控四个方面构建了应用型高校实践教学质量评价指标体系。田鸣、盖馥（2010）以大连职业技术学院为例，依据实践教学的特点和实践教学质量评价现状，对实践教学质量评价体系进行探索，将实践教学的质量评价过程分为三个阶段：实施前——教学准备评价，实施中——教学过程评价，实施后——教学效果评价，对实践教学进行全程性评价。吴天慧、肖卓阳、付向阳（2016）针对旅游管理专业的课程实训与毕业实习分别设计了实践教学考核评价指标体系。其中，实习考核评价指标涉及工作态度、工作表现、工作能力、工作纪律以及实习报告和汇报；而实训课程考核评价指标则包括组织纪律、专业知识巩固、职业素养的养成及实训报告总结等内容。严太山、刘怡婷、黄红霞等（2018）设计了包括教学环境、教学保障、教学过程和教学效果的4个一级指标、18个二级指标的实践类课程教学质量评价指标体系。肖轶楠、李佳（2018）采用探索性因子分析，提出影响学生实践教学满意度的因素，包括教师教学过程、专业实验室、校外实践基地、实践课程安排。张晓花、朱陈松、朱昌平等（2019）基于布迪厄实践理论，提出了由教学过程、教学内容、师生互动以及教学效果等要素组成的新工科大学实践教学体系。欧珺、吴福根、杨文斌（2021）基于“以学生为中心”理念，从学生的学习体验出发，通过“实验学习投入”“实验学习支持”“实验学习效果”三个方面的实证数据，分析研究实验课程教学评价体系对认证学生群体实验学习效果的有效评价。

## 三、关于教学质量保障体系的研究

教学质量保障工作是人才培养的重要支撑。党的二十大报告指出，要“全面提高人才自主培养质量，着力造就拔尖创新人才”，对高校人才培养质量提出了更高要求。高质量发展阶段，高校作为人才培养质量的最终决定因素，其质量保障主体的地位和作用进一步凸显。教学质量保障体系是以保证、提高学校的教学质量为目标，相关组织机构采用系统的概念与方法，将教学质量有关部门与环节的管理活动组织起来，并对影响教学质量的所有要素和过程进行持续监控，从而构成一个职责分明、协调统一的质量管理有机整体。[①] 欧美国家兴起的质量管理热潮，倡导把全面质量管理理论引入其他组织的管理工作中，而后美国将全面质量管理理论引入高校教学管理领域，建立起以 ISO 9000 为核心的高校质量保障体系。到 20 世纪末，美国已经有 200 多所高校在教学管理方面采用了全面质量管理和 ISO 9000 体系。西方国家在总结体系建构经验的基础上，探索出独具特色的教学质量保障体系，如“研究型保障体系”“发展型保障体系”“评估型保障体系”等，为其他院校的教学质量保障体系建设提供了实践参考。国内学者对于不同类型高校、不同主体进行了教学质量保障体系的研究。

### （一）不同类型高校教学质量保障体系

#### 1. 应用型高校教学质量保障体系

程斌、张杰（2019）将理论研究与实证研究相结合，通过分析应用型高校内部教学质量保障体系构建的基本原则与策略，以安徽科技学院的经验，为应用型高校构建内部教学质量保障体系提供思路与借鉴。黄鸿鸿、张静（2019）将应用型高校教学质量保障体系的发展方向归纳为三个方面：加强教学质量保障体系的内涵建设、提高对实践教学质量保障体系的重视程度以及构建多维度的教学评估体系。祝利芳（2021）将应用型高校的职能部门划分为“教学”与“教学服务”两个系统，通过引入 PDCA 循环构建双系统协同运行的教学质量保障体系。贠禄、杨红梅、胡玉丽（2022）针对应用型高校教学质量保障体系在质量标准、监控执行、评价体系及改进效果中存在的问题，提出了以自我评估为核心的高校教学质量保障体系构建路径。

#### 2. 高职院校教学质量保障体系

聂文俊（2019）针对高职院校教学质量保障与监控工作中存在的资金投入不足、评价主体过于分散、评价结果的权威性不足、评价标准缺乏弹性、师资质量不高、学科建设实力不足、教学质量过程监控不平衡等问题，提出从完善资金保障体系、完善评估队伍与评价指标体系、优化师资队伍、强化学科专业建设、强化教学质量过程监控等方面构建高职院校教学质量保障体系。阳军、殷遇骞、杨芳（2020）从管理系统、

① 李志义，朱泓，刘志军．本科教学审核评估方案设计与实施重点［J］．中国大学教学，2013（8）：72-77.

标准系统、监控系统、评价系统四个方面对高职院校教学质量保障体系及制度建设提出对策。此后，还通过高职院校教学质量保障体系的价值分析，从教学质量保障体系的环节出发提出五纵系统，从教学质量保障体系的主体出发提出五横系统。史凯楠（2020）认为高职院校教学质量保障体系在动力、标准、架构及信息化方面存在不足，并提出相应的改革出路。黄清泉（2021）以高职院校会计专业为例，从会计岗位职业能力分析、学情分析、会计专业课程体系重构、课程教学与管理、学习成果认定与转换以及管理体制机制改革等方面，提出扩招背景下面向新型学习者的教学质量保障行动策略。

### （二）不同主体教学质量保障体系

1. 专业教学质量保障体系

杜文娅、孙越颖、仇军等（2020）以 ISO 9000 质量管理、战略计划与展开等理论为基础，以审核评估范围的项目、要素和要点为视角，以影响专业教学质量的关键因素为切入点，从组织管理、定位目标、学生和利益相关者、师资队伍、人才培养过程、测量分析和改进等方面构建满足利益相关者需求的体育教育专业教学质量保障体系。李博、周萍（2023）针对高校专业质量保障目前存在的理念模糊与持续改进内生动力匮乏、数据孤岛与数据价值挖掘利用不够、管理队伍分散与管理理念落后等问题，从数据治理赋能角度将大数据理论和内部质量保障理论有机结合，提出构建基于全面质量管理的专业教学质量保障体系，构建专业教学质量保障平台，推进专业教学数据全链条管理与应用，切实发挥“四新”专业教学质量保障功能，培养国家所需的高素质人才等对策。

2. 实践教学质量保障体系

实践教学质量是衡量高校教学质量的重要指标之一，建立实践教学质量保障体系是提高实践教学质量的重要保证和有效措施。陈宏涛、孙守钧（2014）以天津农学院农学专业为例，提出通过优化实践教学方案、创新实践教学体系、改善实践教学环境、加强师资队伍建设等措施，建立起实践教学质量保障体系。王美芬（2015）针对建筑工程技术专业学生岗位能力培养，从实训基地建设、“双师型”教师培养、专业教学资源平台打造、实训教学质量保障体系构建等方面，构建建筑工程技术专业实训教学质量保障体系。徐玲、高旻、文俊浩等（2015）针对软件工程实践教学存在的质量保障机制不健全、过程管理不规范、评价方法不科学等问题，构建了包含“实践知识域、能力单元、素质特点”的层次化分级评价指标体系，改革实践教学评价方法，实施以“知识—能力—素质”综合为优的教学评价模式，形成了系统、规范、可度量的教学质量保障机制。盛欣、姜江（2016）从构建实践教学管理体系、建立多方协同的人才培养新机制、构建实践教学质量体系、加强实验室与校内外实习基地建设、完善实践教学评价体系等方面构建了新建地方本科院校实践教学质量保障体系。

另外，邹永松、陈金江（2012）在解构大学内部教学质量保障体系问责要素、现状、类型及现实问题的基础上，提出建立多元主体参与的问责机制与问责程序，并以绩效考核、年度报告等项目建构更加合理的高校内部教学质量保障体系。[①] 李红梅、江志斌、郑益慧（2013）认为推进高校内部本科人才培养质量保障体系建设的策略应当涵盖几个方面：全过程覆盖，有节奏推进；设计流程化，目标理性化；评估规范化，运行常态化；依托网络化，推进信息化。[②] 申天恩、Richard Morris（2015）提出高校内部教学质量保障体系建设需要从四个层面进行考量：一是体系的完善性；二是体系内部涵盖元素的健全性；三是体系内部元素与体系之间流动机制的有效性；四是体系的特质性。[③] 李庆丰（2023）在梳理高校内部质量保障体系本质内涵、演进脉络的基础上，从建设动力由“外驱”为主转向“内驱”为主、建设功能由“证明”为主转向“改进”为主、建设主体由校级为主转向院系和教师为主、建设内容由教学为主转向教育教学一体化发展、建设模式由“统一性”走向“特色化”等方面提出健全高校内部质量保障体系的思路。赵春鱼、吴华（2018）从设计质量、过程质量和结果质量三个层面构建高校内部教学质量保障体系。朱海燕、王琪（2016）引入“以学生为中心”的教育理念，并借鉴全面质量管理理论，从影响高校教学质量的教学资源配置、教师素质、课程体系、教学方法、教学评价入手，构建高校教学质量保障体系，从而提高高校人才培养质量。孙竹青（2024）探讨了网络环境视角下高校教学质量保障体系构建与实践。网络环境为高校教学质量保障体系的构建与实践提供了更为便捷的技术手段，高校应充分利用大数据资源的支持，实现教学质量保障体系的有效构建。

## 四、关于高校教学质量评价方法与评价模式的研究

### （一）评价方法

高校教学质量评价是一个多变量、模糊的复杂非线性问题，影响教学质量的指标是多方面的，且多个指标与教学质量之间呈现复杂的非线性关系，难以用确定的数学模型

① 邹永松，陈金江．问责制与大学内部教学质量保障体系构建［J］．高教发展与评估，2012，28（4）：42-48.

② 李红梅，江志斌，郑益慧．推进高校内部本科人才培养质量保障体系建设的策略与途径［J］．中国大学教学，2013（10）：58-61.

③ 申天恩，Richard Morris. 高校内部质量保障体系建设国际比较与建设框架［J］．高校教育管理，2015，9（1）：23-29.

进行准确的描述。①高校教学质量评价既有定性分析方法，也有定量研究法。定性研究方面，如付星（2014），蔡红梅、许晓东（2014）根据现代教育管理理论，从开放式问卷入手，确定影响课堂教学质量的重要因素，构建了与学校定位相匹配的评价教师本科课堂教学质量的指标体系，进而采用多元统计方法对多指标量之间存在的本质结构进行探索，获取一个结构化的课堂教学质量评价指标体系模型，并使用群决策的层次分析法完成了指标权重的确定。舒予（2015），陈承、刘在洲、徐红（2015）研究了高校科研质量指标体系。刘元林、孟庆强、潘莉（2011）在实践教学方面，讨论了实践教学的监控与评价体系。欧珺等（2021）基于“以学生为中心”理念，针对学生学习投入、学习支持、学习效果三大指标，采用单因素方差分析（ANOVA）的统计方法进行差异比较。吴天慧、肖卓阳、付向阳（2016）根据高职院校旅游管理专业人才培养目标的定位，以将实践教学考核评价标准覆盖旅游管理专业办学理念、师资队伍建设、组织实施方法等方面为指导思想，构建实践教学考核评价体系。陈红（2009）依据教学质量评估应包含的主要内容选取了18个评价实践教学质量的评价指标体系，并依据层次分析法确定各指标的权重。田鸣、盖馥（2010）依据实践教学的特点和实践教学质量评价现状，从学院层面构建了对各专业具有普适性的实践教学评价指标体系。徐薇薇、吴建成、蒋必彪等（2011）提出采用黄金分割0.618作为标度的层次分析法确定各指标的重要程度。

定量研究方面，目前构建高校教学质量评价模型的方法多种多样，传统的主要有模糊综合评估法、灰色系统理论、马尔科夫链、支持向量机等。如胡平波（2010）利用两套独立样本数据分别进行了探索性因子分析和验证性因子分析。其中通过探索性因子分析将高校教学质量评价量表精炼为“营造良好教学氛围”“培养学生学习兴趣”等24个指标，通过验证性因子分析，结果所有的指标载荷量都超过了0.6，保留原有24个评价指标。马力、王晓君、柳兴国（2005）采用将模糊集合论与层次分析法结合的模糊综合评判法提出了高校教学质量评价的体系与模型。郑延福（2011）采用文献分析法和专家访谈法初步筛选出评价教学质量的25个指标，根据其重要性选取部分高校学生进行问卷调查，并通过因子分析，将25个评价指标分成13类。张丽（2014）结合某独立院校教师教学质量测评的实际数据，首先运用因子分析法将指标归类为教学责任心、教学方法、教学水平三个潜变量；然后运用结构方程模型技术建立教学质量评价模型并进行检验和定量分析。吴虹（2010）运用Delphi法，确定了高校教学质量评价各因素重要程度的系数，并采用模糊综合评判法构建大众化背景下高校教学质量评价模型。孙晓玲、王宁、梁艳（2010），范岩、马立平（2018）以BP神经网络的非线性逼近能力的特点，对高校

① 刘秀梅，张雪遥．高校教师教学质量评价审思［J］．高教探索，2022（4）：56-60+82.

教学质量（作为输出）及其影响因素（即教学质量评价各项指标作为输入）进行系统仿真，利用相对误差逐步优化回溯算法在迭代过程的参数，建立了相应的评价模型。魏民、单媛媛、郑长龙（2022）通过项目分析、探索性因素分析，开发了“创造的教育”高校课堂教学质量评价工具，得到了两个主要因素，分别是“内容驾驭”（教什么）和“策略运用”（怎么教）。通过聚类分析和判别分析，将“创造的教育”高校课堂教学表现的水平划分为低水平、中水平、高水平三个等级。赵辉、沈月琴（2011）通过对学生进行开放式调查，采集了49个评价指标，然后进行大样本量问卷调查，结合专家判断，提出了一个基于学生视角的包括教学内容、教学态度、教学效果、教学方式4个维度，共18个指标的量表。孙友然、杨淼、江歌（2016）根据文献综述、理论分析和江苏省1520份调查数据，构建并检验了高校实践教学满意度的结构方程模型。张林英、高群（2010）运用MTS方法将庞大的教学评价指标体系进行了有效遴选，同时消除了教学评价指标之间相关性造成的相互影响。实证研究表明，MTS方法在识别学生学习情况方面有较好的效果，而且对教学，尤其是对不同课程教学有效性的区分效果明显，具有较高的实际应用价值。李淑珍、周永凯、田红艳（2012）结合艺术学校办学特色与人才培养目标，在大量听课、广泛调研同类院校，与广大一线教师、教学管理人员充分沟通并达成共识的基础上建立了实践教学质量评价指标体系。郑谦、汪伟忠、赵伟峰（2016）通过专家访谈法，在建构主义的理论框架下，根据实践教学过程、实践教学师资、实践教学环境、实践教学质量监控四个方面的潜变量构建4个一级指标，并初步构建了涵盖25个二级指标的量表体系，并基于PLS-SEM统计技术对指标体系进行验证分析，最后采用客观赋权法确定各级指标的相关权重。

### （二）评价模式

评价模式主要是指高等教育评价组织实施形式。肖云、王骥（2020）认为高校内部的教学质量评价主要方式有督导评价、领导评价、同行评价、学生评价等，主要是依赖一次或者几次课堂教学的表现而给出一定的分数，目的在于对教学行为进行规制和管理。马国勤（2021）针对高职院校教学质量评价存在的问题，进一步指出高校内部教学质量评价应借鉴成果导向教育理念和第四代评价思想，可采取成果导向、多元全程导向、赋能改进导向的高职院校教学质量评价模式。

信息爆炸时代，如何将信息技术和教学评价完美结合，以及在实际运用中如何吸引学生积极参加到评价活动中，我国政府从现代化进程的视野出发，提出了教育信息化全面推动教育现代化的重大课题。2015年，习近平总书记在致教育信息化大会的贺词中强调“因应信息技术的发展，推动教育变革和创新，构建网络化、数字化、个性化、终身化的教育体系，建设‘人人皆学、处处能学、时时可学’的学习型社会，培养大批创新人才，是人类共同面临的重大课题”。为此，华中科技大学杨宗凯教授提出了要充分发挥教育技术学的优势，利用云计算和大数据构建覆盖专业教学活动全过程，同时覆盖教师和学生两个主体的评价体系，利用信息技术对学生学习进行分析和干预，利用在线评教系统让学生对教师的教学进行评价。①

我国很多学者和第三方机构也对教师教学质量评价信息化进行了探索。陈玉君（2010）在信息化的基础上建立了学校教育教学质量评价与监控专网，他的设计思路是充分利用发达的信息技术，让专网能够发挥教学质量评价与教学情况监控的客观作用。让学校各个主体均能够积极参与质量网络评价与被评价，建立网络社区，开展网上评价。张俊飞、毕志升、吴小玲（2018）在广州医科大学搭建教学质量评价系统平台，使得师生可以通过校园网按教务处拟定的评价指标体系对教师进行评价。麦可思作为第三方研究机构，每年为800多所学校提供服务，数据收集方式包括：一是向毕业半年后的同学发放答题邀请函；二是将调查的原始数据及时返回给学校，以供学校检验调查的真实性；三是提供一个区域其他学校的平均数据，便于被调查的学校了解自己所处区域的整体教育状况，能够客观地分析本校的教学质量；四是结合本校自身教学过程中的评价结果，综合分析。②

## 五、国内外研究述评

纵观国内外研究现状，学者们一方面从总体教学、课堂教学、实践教学三个方面对高校教学质量评价指标体系进行了构建，开展案例研究与实证研究；另一方面，从宏观与微观两个层面，即不同类型高校、不同主体开展了高校教学质量保障体系研究。在研究案例方面，既有研究型本科院校教学质量评价研究，也有应用型本科院校教学质量评价研究，更有高职院校教学质量评价研究；既有英语等文科方面的课程研究，也有高等数学等工科方面的课程研究。在评价主体选择方面，既有学校教学质量保障部门，也有官方评价机构教学质量评价研究，还包括从学生视角开展的教学质量评价研究。在研究方法方面，既有文献研究等定量研究方法，也有模糊综合评价法、探索性因子分析、验证性因子分析、MTS方法、BP神经网络分析法等。在评价模式方面，一般分为“以学生为中心”和“以教师为中心”两种。但从学生视角出发，在影响大学生教学感知质量因素方面并无统一结论，且对教学内容中非常重要的实践教学满意

---

① 石荣月．基于移动端的高校教学质量评价体系研究［D］．绵阳：西南科技大学，2019.

② 侯继丹，吴秋霞．麦可思参与职业院校教学质量评价结果效度研究［J］．护理研究，2016，30（11）：1388-1390.

度研究成果较少，基于学生期望和学生感知质量的综合视角考察实践教学满意度的研究较为缺乏；也未对学生感知实践教学质量从实践教学条件、实践教学内容、实践教学组织与实践教学考核 4 个维度进行细分，且缺少对独立学院课堂与实践教学质量评价的研究。

## 第三节　研究目标和主要内容

### 一、研究目标

理论目标：第一，夯实高校教学质量评价理论基础，阐释“以学生为中心”的教学评价理念；第二，从自我素质教育、学生满意度、就业能力以及服务地方经济 4 个维度构建高校教学质量评价指标体系，分析高校教学质量现状及主要影响因素，并提出提升高校教学质量的对策与建议。

实践目标：第一，建立科学的评价体系，促进教师调整教学方向，改进教学方式，提高教学质量与管理水平；第二，促进高校学生充分发挥学习中的主体地位，积极主动地为自己的学习质量负责，提高学习积极性。

### 二、主要内容

本书从学生视角对高校教学质量评价展开研究，主要分为两个内容单元。

第一个单元，以学生为中心的高校教学质量评价理论框架的构建。包括高等学校分类的依据与标准，本书选择专业型（应用型）与职业型高校为研究对象，开展高校教学质量评价研究；高校教学质量、高校教学质量评价、以学生为中心的教学质量评价等相关概念的界定；以学生为中心的教学质量评价的基本原理，包括人本主义理论、建构主义学习理论、顾客满意度理论、多元智能理论、形成性评价理论；高校教学质量评价标准的设计原则，包括全面性原则、科学性原则以及可操作性原则。

第二个单元，以学生为中心的教学质量评价关注学生成才成长的效果，突出学生在教学过程中的主体地位，关注专业人才培养赋能学生职业生涯成长与用人单位创新发展。为此，本单元将从自我素质教育、学生满意度、就业能力以及服务地方经济 4 个维度，分析高职院校与应用型本科院校教学质量，针对高校教学质量的现状、问题，提出相应的解决对策。

总体框架如下：

### （一）高校教学质量评价的理论基础

通过阐释以学生为中心的高校教学质量评价的含义，评价标准设计的理论依据，遵循的原则、程序等，厘清高校教学质量评价的基本内涵，并系统分析人本主义理论、建构主义学习理论、顾客满意度理论、多元智能理论、形成性评价理论在高校教学质量评价中的应用价值。

### （二）高校教学质量评价现状与问题分析

1. 以学生自我素质教育为驱动的高职院校教学质量评价

阐释自我素质教育的内涵、基本特征，分析自我素质教育的构成内容，构建高职院校学生自我素质教育评价指标体系，基于素质教育视角构建自我素质教育结构方程模型，并以湖南理工职业技术学院在校学生为研究样本，开展问卷调查，进行实证研究，分析影响高职院校学生自我素质教育质量的因素。

2. 以学生满意度为驱动的高职院校教学质量评价

阐述差异化教学的定义与特点，基于顾客满意度理论构建高职院校学生差异化教学满意度评价指标体系，并以湖南理工职业技术学院在校学生为研究样本，开展问卷调查，进行统计分析，探讨影响高职院校学生差异化教学满意度的因素。

3. 以学生满意度为驱动的应用型本科院校教学质量评价

从应用型本科院校学生满意度视角出发，选取会计学专业学生为研究样本，开展以学生为中心的应用型本科院校理论与实践教学的满意度评价，分析影响应用型本科院校理论与实践教学满意度的主要因素，并提出有效提高学生学习兴趣、教学满意度水平的对策与建议。

4. 以服务地方经济为驱动的高职院校教学质量评价

从办学基本情况、办学规模、专业设置、师资、教育模式、科研服务以及学生就业情况入手，对长株潭地区 38 所高等职业院校服务地方经济发展的现状进行调查研究，分析存在的问题，提出提升服务能力的建议。

5. 以服务地方经济为驱动的应用型本科院校教学质量评价

从分析应用型本科院校职能出发，构建应用型本科院校服务地方经济的教学质量评价指标体系，对湖南省 16 所应用型本科院校办学规模、专业设置、师资队伍、教育模式与教学条件、科研服务、学生就业等方面展开调查，分析存在的问题以及提出提升服务能力的建议。

## 第四节　研究方法及主要创新点

### 一、研究方法

#### （一）文献分析法

本书通过研读近几年政府部门相关发文，分析政策背景，为选题寻找依据支撑。围绕“教学质量”“教学质量评价”“以学生为中心”等关键词检索相关国内外文献资料，系统梳理不同类型高校课堂教学以及实践教学质量评价的主要内容、评价标准、保障体系等相关研究成果，对其进行归纳、概括、分析与提炼，界定高校教学质量、以学生为中心的教学质量评价等核心概念，梳理人本主义理论、建构主义学习理论、顾客满意度理论等。以此作为研究的理论基础，并提出高校教学质量评价指标体系设计原则，构建高职院校学生自我素质教育评价指标体系、高职院校学生满意度评价指标体系、应用型本科院校学生满意度评价指标体系以及基于学生满意度的应用型本科院校会计学专业教学效果影响因素模型与应用型本科院校实践教学满意度结构模型，为后续教学质量现状调查与影响因素分析提供了坚实的理论基础。

#### （二）调查研究法

一方面，依据文献梳理结合专家访谈构建评价高校教学质量评价指标体系调查问卷，采用问卷调查法对高职院校、应用型本科院校课堂与实践教学质量现状进行调查；另一方面，对于长株潭高职院校与应用型本科院校服务地方经济的现状调查，涉及被调查对象的专业设置、就业结构、本地化就业率、教育体制、教育模式、专利数量、技术服务数量、校企合作数目、基地建设等内容，这些数据的收集将采用查询网络、统计年鉴等方法进行。

#### （三）统计分析法

在对高校教学质量满意度现状进行分析时，将采用 SPSS 统计分析软件，对整理后的调查问卷数据开展描述性统计分析、方差分析、积差相关分析、因子分析、回归分析；在对高职院校学生自我素质教育影响因素进行实证研究与对影响应用型本科院校会计专业实践教学满意度的因素进行分析时，将通过 AMOS 软件对测量模型进行验证性因子分析（CFA），以此来评价模型变量的信度、收敛效度，并对所提出的结构模型进行拟合检验、路径分析与效应分析。

## 二、主要创新点

一是聚焦高等教育“以学生为中心”的办学理念，系统性构建了“以学生为中心”的高校教学质量评价理论体系。

二是围绕高职院校与应用型本科院校这两类高校开展以“学生为中心”的教育教学评价方法研究，全面聚焦我国大学教育的主体与基础。

三是在教学质量评价中既突出了大学培养教育人才知识与技能的基本要求，更突出了高职院校与应用型本科院校服务地方经济的办学目标。

# 第二章　以学生为中心的高校教学质量评价理论阐释

质量是高等教育发展的生命和灵魂。2020 年 6 月，教育部发布《全国普通高校本科教育教学质量报告（2018 年度）》（以下简称《报告》）。《报告》以本科教育教学质量为主线，呈现了高校提高本科教育教学质量的新举措、新经验、新成效，为本科教育教学改革提供决策参考，引导高校落实立德树人根本任务、巩固本科人才培养的中心地位。本章将系统介绍以学生为中心的高校教学质量评价的相关概念、理论依据、评价指标设计与选取原则等内容。

## 第一节　高等学校分类依据与标准

《中华人民共和国高等教育法》总则第六条规定："国家根据经济建设和社会发展的需要，……采取多种形式积极发展高等教育事业。""采取多种形式积极发展高等教育事业"是以多种规格、不同特点、不同社会适应面为前提的。

### 一、分类依据

当前我国高校分类的主要依据应该考虑现代化建设的人才结构、世界高等教育发展趋势以及世界高等教育的一般结构等三个方面。①

一是现代化建设的人才结构。《国家中长期教育改革和发展规划纲要（2010—2020 年）》提出："努力培养造就数以亿计的高素质劳动者、数以千万计的专门人才和一大批拔尖创新人才。"因此，高等学校既要培养一大批学术型科研人才，更要培养数以千万计

① 潘懋元，董立平．关于高等学校分类、定位、特色发展的探讨［J］．教育研究，2009，30（2）：33-38．

的应用型技术人才和从事生产、管理、服务的实用型职业技能人才。

各类高校要根据不同的服务面向和特点，走多样化人才培养之路。社会的经济、政治、文化发展需要两大类人才，一类是发现和研究客观规律（创造知识）的人才，即学术型人才；另一类是运用客观规律为社会服务（应用知识）的人才，即应用型人才。而应用型人才又可以分为两种，一种是从事如工程设计、产品开发设计、市场营销、规划决策、社会管理等方面工作的工程型人才（专门人才）；另一种是在生产第一线或工作现场从事具体操作的技能型人才（技术型人才、高素质劳动者）。[①] 从我国当前社会经济发展的需求来看，不仅需要学术型人才，也需要工程型人才、技能型人才。

二是世界高等教育发展趋势。高等教育多样化成为国际共识，德国、英国、法国、美国、日本等为了适应社会经济的发展，建立了传统大学系统以外的高等职业教育系统（如表 2-1）。从表 2-1 中可以看出世界主要国家的高等教育类型与高等学校分工的一般情形。各国一般都把自己的高等教育体系分为学术理论型、专业应用型和技术实用型三大类型，每种类型都有相应的高等学校系统，使之适应社会经济多元化的人才需求。[②]

**表 2-1 世界主要国家高等教育类型与高等学校分工**

| | 高等教育类型 | | | |
|---|---|---|---|---|
| | 学术理论型 | 专业应用型 | 技术实用型 | 国别 |
| 高等学校系统 | 综合大学 | 专门学院 | 社区学院、技术学院 | 美国 |
| | 传统大学 | 工业大学、专门学院 | 多科技术学院 | 英国 |
| | 综合性大学 | 工业大学 | 高等专科学校、职业学院 | 德国 |
| | 传统正规大学 | 大学校 | 短期技术学院、高级技术员班 | 法国 |
| | 综合性大学 | 综合性大学 | 短期大学、高等专科学院、技术科学大学 | 日本 |
| | 综合性大学 | 专科大学 | 初级职业大学 | 韩国 |
| | 国立大学 | 理工学院 | 技术学院 | 新加坡 |

三是世界高等教育的一般结构。《国际教育标准分类法》（联合国教科文组织制定）关于高等教育类型的划分，所考虑的不只是某一个国家的高等教育情况，还全面地概括了发达国家与发展中国家的基本情况，因而大体上能适用于不同国家的高等教育分类，具有广泛的普适性，它可更好地作为我国高等教育分类的参考。更为重要的是，它所依据的主要标准是专门人才的类型而不只是层次的高低（如图 2-1）。

① 蹇兴东，张斌．高等学校层次定位的战略选择［J］．南京农业大学学报（社会科学版），2005（3）：76-79.
② 郑延福．本科高校教师教学质量评价研究［D］．徐州：中国矿业大学，2012.

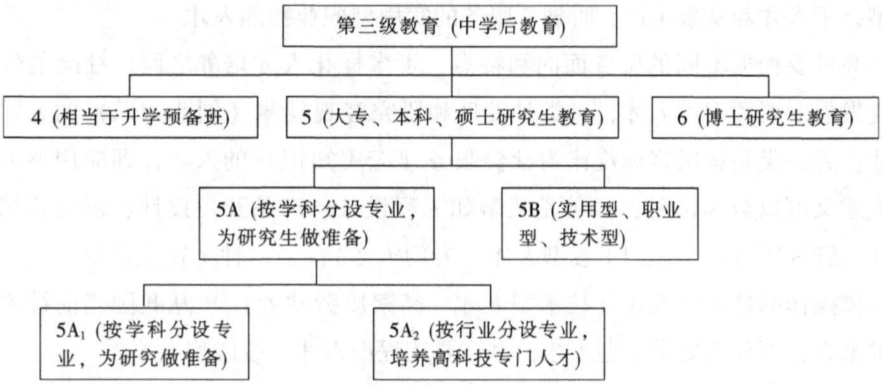


图 2-1　联合国教科文组织第三级教育分类

## 二、分类标准

高等学校分类方案大都采用多元化标准，主要包括基本职能、学科类型、人才培养层次、学校规模、管理体制等，根据这些标准对高校进行划分，会产生多种分类结果。

我国已有高等学校的分类标准和分类类型名称的特点：① 分类标准的特点。我国高等学校分类标准是多元的，不同学者提出的分类标准具有一定的相似性和重合性，其中人才培养和科学研究这两个标准被运用得最多，可见其设计思路都是以高等学校的基本职能为出发点。② 分类类型名称的特点。主要表现为以人才培养和科学研究所占的比重为标准，将分类类型命名为研究型、教学科研型等。以人才培养作为基本分类维度，又分两种情况：按人才培养的层次进行区分，直接以所授予学位层次的高低来命名，如博士型、硕士型、学士型等；按人才培养的类型进行区分，直接以学术型、应用型等来命名。①

在分类依据和标准方面，国内相关研究呈现出两大特征。其一，分类依据或标准众多，但大多缺乏公信力。如高等教育三大功能作为目前我国高校分类的主要划分维度，人才培养和科学研究虽得到体现，社会服务却被严重忽视。其二，分类依据和标准比较零散，欠缺理论性和系统性。许多分类结果的得出并非基于分类者所构建的科学的、成体系的分类指标，而更多的是基于其自身的高等教育观念或判断。②

潘懋元在借鉴国际教育分类标准的基础上，将高等学校划分为学科型、专业型、职业型三种类型。其中，专业型高校为面向社会各行业领域设置专业的高等学校，多为省属和地方高校，在我国高等院校中占据很大比例；职业型高校即从事高等职业教育、根

① 宋中英，雷庆．高等学校分类标准和类型名称探析［J］．高教探索，2009（6）：41-45.
② 雷家彬．国内高等学校分类研究述评［J］．现代大学教育，2010（5）：107-111.

据岗位和岗位群设置专业的高等学校。目前，高职教育是高等教育大众化的主力军，高等教育大众化促使高职教育突飞猛进，而伴随着高职教育规模扩张时代的结束，其内涵发展和教学质量提升日益得到关注。三种类型高校的区别主要在于人才培养目标不同，并无层次高低之分，更无社会地位之别。本书选择专业型（应用型）与职业型高校为研究对象，开展高校教学质量评价研究。

## 第二节　高校教学质量评价相关概念的界定

### 一、高校教学质量

《辞海》里对质量的定义为产品或工作的优劣程度。顾明远在《教育大辞典》中指出“教学质量”是为了衡量教育教学所应达到的目标而制定的较为具体的标准。实际上教学质量是对教育水平高低和效果优劣的评价，最终体现在培养对象的质量上，衡量标准是教育目的和各级各类学校的培养目标。教育目的规定受培养者的一般质量要求，亦是教育的根本质量要求。各级各类学校的培养目标规定受培养者的具体质量要求，衡量人才是否合格的质量规格。教学质量有宏观与微观之分。从宏观层面看，教学质量即整个教学体系的质量，而从微观层面看，教学质量聚焦于教学活动实施的每一个具体环节的成效，最终通过培养对象所展现出的质量得到彰显。

由于高等教育类别、组织与层次的多样性，高等教育教学质量在学术界的解释呈现多样化特征。王宪桂（1996）认为教学质量即对教育水平高低和教学效果优劣的评价，是教学系统功能与目标的达成度量度，教学活动中教学系统功能的量度主要是对教学信息的量度，因为系统功能的表现形式是以信息传输的优劣、流畅与否、有效性、可接受性等为依据的。[①] 黎琳（2000）则通过对比企业生产过程，提出高等学校教学质量是指教学所达到的水平。它一般体现在培养出来的人才在满足社会需要方面所具备的能力和特性上，包括德、智、体、美、劳全方面的综合素质与水平，是教学过程各个环节工作质量的结果和反映。[②] 徐向艺（2004）基于 ISO 9000 质量标准定义，提出狭义的教学质量是指符合为满足顾客一定需要而规定的教学标准条件的总和；广义的教学质量则是指教学产品、教学工作和服务等符合既定的规格、标准和要求。高等学校所提供的产品具有

---

① 王宪桂．教学质量的整体研究［J］．中国电化教育，1996（3）：30-31.

② 黎琳．高等学校教学全面质量管理体系的构建与运行：应用 TQC 理论构建广西大学教学质量管理体系的实践［J］．机械工业高教研究，2001（2）：36-39.

两方面的基本含义：一是教育供给所提供的服务，包括知识工具、知识的加工与传授活动，以及为学生提供的相关服务等，即教学服务；二是指将学生知识、智力、技能的增加，即人力资本增加部分看成高校的产品，称之为学生产品。[①] 杜祥培（2005）依据高等教育的多样性与特色化发展的趋势，指出高等教育教学质量是一个内涵十分丰富的概念，从不同的视角审视教学质量，从不同的层次去分析教学质量，其概念是不同的。从教学质量监控的角度看，教学质量是指学校教学结果达到的程度，教学质量监控的目的就是使我们的教学活动尽可能达到我们的培养目标。[②] 刘慧云（2008）将教学质量定义为教学情境中的"质量"，并分别从学术、管理、教育三个层面探讨了教学学术质量、教学管理质量与教学"内生"质量的内涵，指出教学"内生"质量作为教学质量的价值追求应处于整体质量概念的最顶层。这就意味着无论是教学学术质量还是教学管理质量，无论是教师还是管理者都要认真考虑以学生为本的质量理念。[③]

教学活动主要服务于学生，以针对性地提高学生的基础素养和专业素质为目标，在教学活动过程中必须坚持以教师为主导，以学生为主体，所以学生是教学质量的主要载体；教学活动在满足受教育者个体及其家庭需要的同时，必须满足人才市场和经济社会发展的需要。[④] 教学活动虽然是教育组织的行为，但必须根据其举办者的要求和教育机构自设的基准开展，所以教学活动又必须符合举办者的要求和教育机构的基准。

因此，本书从以学生为主体的教学活动视角出发，将"教学质量"定义为教学组织及其一切教学活动（课程）的特性满足学生及其家庭、学校（教育机构）、社会（用人单位）、政府（或其他举办者）需要的程度。

## 二、高校教学质量评价

评价是人类社会活动中的一项经常发生的、非常重要的认识和决策的过程。《现代汉语辞海》对"评价"一词的解释是：评估人、事、物的优劣和善恶美丑或合理不合理。迈克尔·斯克里文（Michael Scriven）和欧内斯特·R. 豪斯（Ernest R. House）给出的定义是："评价是一种对优缺点和价值的评估，是一种既有描述又有判断的活动。"[⑤]

高校教学质量评价，作为提升教育质量和促进学术发展的重要手段，一直以来都备受关注。随着教育改革的不断深入，教学质量评价也在不断创新和完善。高校教学质量

① 徐向艺．高等学校教学质量管理的范畴、原则与体系［J］．高等理科教育，2004（1）：40-45.

② 杜祥培．试论教学质量监控的主要环节及其标准［J］．中国大学教学，2005（2）：47-48.

③ 刘慧云，吴庆华．论教学质量的概念体系［J］．黑龙江高教研究，2008（8）：62-65.

④ 许祥云．高校内部本科教学质量标准：概念界定与体系构建［J］．清华大学教育研究，2018，39（3）：58-66.

⑤ 郑延福．本科高校教师教学质量评价研究［D］．徐州：中国矿业大学，2012.

评价是高校依据教学目标对教学的内容和过程进行价值判断，并依此作为教学决策服务的活动，是对教师的教学活动的价值做出判断的过程。关于教学质量评价，国内外学者从不同的角度给出了定义。李·约瑟夫·克龙巴赫（Lee Joseph Crombach）对教学质量评价的定义是：为了获得教学活动的决策性资料，对参与教学活动的每个部分的机能、态势和成果等进行数据的收集、处理和展示的过程。[①] 张一春（2000）认为："评价是根据一定的教育目标为标准，运用有效可行的技术手段，对教育活动的效果和影响进行价值判断，优化教育教学活动。"[②] 李波（2011）提出高等教学质量评价是将影响教学质量的因素作为输入，以教学质量作为输出，采用一定技术和方法，建立一种反映输入和输出之间关系的模型。李荣华、王涵、刘艳（2016）提出教师教学质量评价是指利用教育评价的理论和技术，对教师的教学过程及结果是否达到一定质量要求所做出的价值判断，是教师评价的重要组成部分。

不难看出，尽管不同学者对高校教学质量评价提出的概念各有差异，但基本包括三个要素：理论依据、评价标准以及评价方法。

## 三、以学生为中心的教学质量评价

新时代全国高等学校本科教育工作会议精神指出，高校要以学生为中心办教育，以学生的学习结果为中心评价教育，以学生学到了什么、学会了什么评价教育的成效，真正把内涵建设、质量提升体现在每一个学生的学习成果上。李嘉曾（2008）提出"以学生为中心"的本科教育是指高等院校的教育者为培养富有生活和学习能力的高层次人才，改变传统的"教师中心"和"教材中心"教学模式，充分尊重学生的权利和兴趣，调动学生的积极性和主动性，利用非指导性的教学方法在生活和学习实践中引导大学生增长才干、成为完人的教育教学活动及过程。[③] 陈新忠、董泽芳（2009）指出"以学生为中心"的教育观是人本主义思潮与心理学、教育学相结合的产物，是对"科学本位论"和"社会本位论"教育观的批判与抗争。因此，"以学生为中心"即在教学活动中所有的参与者将秉承的一个最基本的教育理念，这一理念要求：第一，高校教学目标以培养学生的综合素质为最终价值目标，一切为了学生的成长发展；第二，强调学生的教学主体地位，学生为了获得知识和技能来到学校，教师及其他教学辅助工具都是学生获得知识的途径；第三，教师作为教学过程的主导角色，应该兼顾学生的个体差异，学生评价或学

---

① 威尔伯特·J·麦肯齐，等．麦肯齐大学教学精要：高等院校教师的策略、研究和理论［M］．徐辉，译．杭州：浙江大学出版社，2005：25-41.

② 张一春．高校教师教学质量评估［J］．教育与现代化，2000（1）：60-64.

③ 李嘉曾．"以学生为中心"教育理念的理论意义与实践启示［J］．中国大学教学，2008（4）：54-56.

生的投入程度是评价教学质量的主要指标；第四，学生有权利和义务从自己的情感角度和学习效果出发，对教师教学质量提出合理化评价和建议。[①] 刘献君（2012）提出“以学生为中心”，是以学生的学习和发展为中心。“以学生为中心”，强调着力于学生的发展、着力于学生的学习、着力于学生的学习效果。[②] 王洪才（2014）提出，“以学生为中心”就是以满足学生发展需要为目标，教学活动应该以此为中心，办学水平状况也应该以此作为评价标准。[③]

以学生为中心的高校教学质量评价是以教师教学为对象，监督教师、考核教学质量的制度，依据一定的方法和标准对教师教学做出客观的价值判断的过程，旨在通过对教师教学质量的反馈和评价结果，让教师能够及时调整自己的教学方法和教学策略，优化教育教学活动，最终达到激发教师教学积极性、提高教学质量的目标。

高校的人才培养是在教师的教学引导下的一系列活动中完成的，其中教师在课堂上的教学质量直接影响着学生的学习效果。为了培养更优秀的学生，就必须加强教师教学质量的管理，而要加强教师教学质量管理的关键是要做好教师教学质量的评价工作，这是教学管理的中心问题。因此，以学生为中心的高校教学质量评价就是要突出学生在教学过程中的主体地位，把课堂教学目标的达成度聚焦到学生的获得感、满意度上来，让学生学有所思、学有所获、学有所成，不断提升专业知识能力、思想道德觉悟，并具备自我学习、自我提升的素质与能力。把专业人才培养的达成度聚焦到学生成才成长的效果上来，让专业人才培养赋能学生职业生涯成长与用人单位创新发展，提升学生、用人单位对专业、对学校的满意度。把学校办学目标的达成度聚焦到与学校办学定位、办学目标的实现度上来，始终坚持把立德树人作为高校的首要任务，办国家、社会、人民满意的高等教育。

“以学生为中心”不是指教师与学生角色、身份、地位的高低之分，而是指教学理念、管理理念、服务理念的转变，教学方法、评价手段的转变。教学的目的、任务不在“教”，而在“学”。“以学生为中心”，最根本的是要实现从以“教”为中心向以“学”为中心转变，即从“教师将知识传授给学生”向“让学生自己去发现和创造知识”转变，从“传授模式”向“学习模式”转变，并由此推动教师教学方法、教学手段的变革，专业培养模式与培养方法的变革，以及高校办学模式的变革。

① 陈新忠，董泽芳．现代西方人本主义思潮的教育影响评析［J］．大学教育科学，2009（2）：66-70.
② 刘献君．论“以学生为中心”［J］．高等教育研究，2012，33（8）：1-6.
③ 王洪才．何谓“学生中心主义”？［J］．大学教育科学，2014（6）：62-66.

# 第三节　以学生为中心的教学质量评价理论依据与指标设计原则

## 一、以学生为中心的教学质量评价理论依据

### （一）人本主义理论

人本主义兴起于20世纪50~60年代的美国，代表人物是美国著名心理学家罗杰斯，人本主义的核心思想是强调人的正面本质、价值和人的成长发展，即人的自我实现。他认为虽然传统教学也在注重学生主体性发展方面做出了思考，但所有理论的前提都是在以教师为代表的社会要求下对学生做出主体性发展的要求，也就是指导性教学。事实证明，指导性教学在实践中产生了阻碍学生主体性发展的因素，不能达到理想中的教育目标，反而伤害了学生主动性和积极性。因此，罗杰斯提出“非指导性教学”，学生要学会自我选择和自我控制，选择有利于自己成长发展的因素和活动，控制对自己成长不利的因素。

在人本主义价值观的引领下，教师教学质量评价应注重突出学生的中心地位，提倡学生作为教学过程的主体，在评价过程中由被动接受变为主动参与教师评价，即对教师教学质量的形成性评价。人本主义对教师教学质量评价有重要的指导意义，突出强调学习主体的中心地位，围绕教师教学给学生带来的变化和进步，科学合理地评价教师的教学成果。同时，在人本主义理论影响下，教师教学质量评价更加注重从学生的角度思考问题，注重学生学习质量的发展，这与发展性教师教学评价制度所提倡的评价目的和高校本身的教学评价目的是一致的。“以学生为中心”的教学，就是要释放学生的天性和自由，把他们的成长作为按照自己想法自由涂画的空间，激发他们的自我参与意识，这是人本主义教学目标的最终价值追求。①

### （二）建构主义学习理论

建构主义学习理论是建构主义理论在教学中的体现，强调学生是知识的主动建构者，学习是通过个体与环境的互动，不断建构和重建自己的认知结构。在这一观点下，教师应该是引导学生学习的促进者，而不是传授知识的主导者。建构主义学习理论强调教学

① 原雪．“以学生为中心”的高校教师教学质量评价体系的研究［D］．哈尔滨：哈尔滨理工大学，2019.

是通过帮助学生基于原有经验建构新知识的过程。学生的主动学习是有效教学的前提，因此教学应鼓励学生主动发现和探究。在建构主义学习理论中，教师需要了解学生的学习背景，围绕学生的学习行为和学习结果来开展教学活动，并重视评价学生应用知识的能力。[①] 教师的角色定位不仅是知识内容的传播者，更是学生发展和学习的促进者、辅助者。教师应该熟练掌握学科知识并善用教学资源，根据学生当前水平和发展需求，选择适合学生特点的方法来针对性教学。[②] 师生间通过互动交流，达成知识的传授和能力的培养以及思维的启发。威廉·巴罗内教授指出，“以学生为中心”的教育理念是基于建构主义学习理论的，成功的学习者会把自己以前拥有的知识带到课堂上，把新信息和原有知识联系起来，创造性地运用多种思维来实现复杂的学习目标，同时促进创新思维和批判思维的发展。“以学生为中心”的教育理念强调学生的主动学习和参与，只有学生的语言、文化和社会背景都发挥作用时，学习效果才是最好的。教师应该主动和学生建立积极的关系，引导、鼓励学生积极思考和主动学习，同时要及时转变价值观念，多关注学生成人、成长和成才。[③]

在本科课堂教学质量评价指标的构建过程中，应该从学生的角度出发，关注教师与学生之间的互动和合作。在评价本科课堂教学质量时，应该考虑到教师的多方面表现。这些表现包括教师是否能帮助学生发现并解决问题，是否能够激发学生的学习动机和兴趣，是否能够帮助学生掌握学习方法和思维方式，以及是否能够帮助学生建立知识体系和自主学习能力。这些因素都是衡量教师教学能力和学生学习效果的重要指标。

### （三）顾客满意度理论

“顾客满意”起源于20世纪中后期，研究最早可以追溯到1965年本杰明·内森·卡多佐（Benjamin Nathan Cardozo）发表的“顾客的投入、期望和满意的实验研究”。早期的研究大量摄取了社会学、心理学方面的理论，直到现在，大部分的理论仍然是以认知理论作为研究的理论基础。目前，顾客满意研究在欧美国家已日趋成熟。

“顾客满意”指顾客根据自身需求和期望对已提供的产品或服务的满足感受，是一种主观的心理认知。“顾客满意度”实质上是对顾客满意情况的度量，是顾客满足程度的评价指标。它是对产品性能或者服务水平本身的评价，是一个与消费满足感有关的心理体验，具体体现为对商品或服务的肯定或否定，是对顾客满意的指标量化，一个是心理状态，一个是数字分析。

---

① 李璇律，田莉. 建构主义视域下的深度学习［J］. 教学与管理，2019（12）：1-4.

② 王蔷馨. 民办本科高校教师课堂教学质量评价体系的研究与实践［D］. 南京：南京农业大学，2013.

③ 张俊超. 推进从“教”到“学”的本科教育教学变革——“院校研究：‘以学生为中心’的本科教育变革”国际学术研讨会暨中国高等教育学会院校研究分会2012年年会综述［J］. 高等教育研究，2012，33（8）：104-108.

顾客满意度并不是一个一成不变的指数，而是具有差异性、实时性，会随着不同人群的变动或者时期的变动而发生改变。例如：某件商品或某项服务能够使一个顾客满意，未必会使另外一个顾客满意；能使得顾客在一种情况下满意，在另一种情况下未必能使其满意。为了提高或扩大顾客满意度，必须对顾客本身的需求和不同的顾客群体之间的差异进行深入了解，综合评判影响满意度的不同因素，才有可能实现 100% 的顾客满意度。顾客满意度要求供给方应以消费者需求为导向，它强调企业首先应该树立为顾客服务的理念，把追求顾客满意放在重点位置，始终以好的产品和好的服务面向顾客，其次应该努力降低顾客的购买成本，充分注意到顾客购买过程中的便利性，而不仅仅是从企业的角度来决定销售渠道、策略，应以消费者为中心实施有效的营销。①

高等教育具有服务行业的部分特点，从服务属性角度来看，学校的产品是为顾客提供教育服务。高等教育的公共属性使其在实施教育服务的同时，必须兼顾社会进步和个体发展的需要。随着我国高等教育由精英教育向大众教育普及，高等教育的教育服务可视为一种商品。它是由教育机构通过一定的教育环境向学生提供的一种教育影响，从而引起学生身心的变化，使学生成为适应社会要求，特别是适应职业要求的人。教育服务作为教育机构和受教育者之间的一种可交换的商品，其消费的对象即顾客，主要是学生。

顾客满意是指享受教育服务的顾客——学生对自己所接受的教育服务的收获与预期期望进行比较，所产生的高兴或失望的心理感受。顾客满意度由顾客期望、感知质量与感知价值来决定。顾客期望指学生在接受学校可能提供的学习、生活等方面的服务之前的先期期望；感知质量指学生在接受学校已提供的学习、生活等方面的服务之后的亲身感受；感知价值指学生将自己的先期期望与亲身感受加以比较，从而判断学校提供的教育服务的价值。

### （四）多元智能理论

20 世纪 80 年代，美国著名发展心理学家、哈佛大学教授霍华德 · 加德纳（Howard Gardner）提出“多元智能理论”，几十年来该理论已经广泛应用于欧美国家和亚洲许多国家的幼儿教育中，并且获得了极大的成功。加德纳指出，人类的智能是多元化而非单一的，主要是由语言智能、数学逻辑智能、空间智能、身体运动智能、音乐智能、人际智能、自我认知智能、自然认知智能等八项组成，每个人都拥有不同的智能优势组合。加德纳还提出，智能并不是先天存在且保持固定不变的，而是一直处于不断发展中，任何一项智能都可以经由后天培养获得，所以只要通过科学合理的培养，人的智力基本上能够达到一个较为理想的水平。此外，不同的生长环境和教育背景也会造成智能差异，

---

① 刘耀湘．湖南省域高校研究生教育满意度研究［D］．长沙：湖南师范大学，2019.

从而对个体学习效率和学习质量造成影响。新经济背景下，以大数据、云计算、物联网、人工智能、虚拟现实为代表的新技术、新业态、新产业和新模式，对人才需求产生了新变化。将多元智能理论引入创新创业人才培养、提升就业能力，为高校教学改革提供了新的视角与理念。

### （五）形成性评价理论

“当代教育评价之父”——美国著名教育学家拉尔夫·W. 泰勒（Ralph W. Tyler）在20世纪30年代提出的目标导向评价理论为现代教育评价理论奠定了基础。美国教育学家本杰明·布鲁姆（Benjamin Bloom）在其基础上进一步提出将教育评价分为形成性评价和终结性评价，推动了现代教育评价理论的发展。一般来说，终结性评价存在一定的局限性，是因为关注重心集中于学生学习的结果，强调甄别和选拔功能，学生不能掌握学习过程的主动权，师生关系是领导和被领导的关系，具有一定的片面性和单一性，不能完全反映出高校教学质量评价体系的重要性和作用。

形成性评价注重被评价者在教学过程中的表现，与传统的终结性评价相比，更注重从学生的角度考虑教学问题。形成性评价重视对学生学习过程的评估和评判。它通过多种渠道、多种方法收集，综合分析学生日常学习的信息，了解学生的知识、能力、兴趣和需求，着眼于学生潜力的发展。它不仅注重对学生认知能力的评价，而且也重视对学生情感及行为能力的评价。形成性评价为学生提供了一个不断自我完善与提高的机会，有助于学生身心素质的全面发展。同时，形成性评价主要体现在教师教学过程中，应该是一个不断衍生和发展的过程，通过与过去的教学活动相比较，提出能更好地实现个人发展的措施，帮助教师改变教育理念，调整教学角色，积极参与教学评价，更好地实现职业成长。①

## 二、高校教学质量评价标准设计原则

高校教学质量评价活动的目标是调动教师的教学积极性、主动性，提高教师的教学质量，进而实现教学质量的标准化，以提升教学管理的水平，提高人才培养质量。因此，在对教师的教学质量进行评价时，要结合评价对象，注意评价原则。

马力、王晓君、柳兴国（2005）提出全面性与简明性、通用性与可比性、可靠性与可操作性、科学性（各项指标都有明晰的内涵，指标的外延互不交叉和重叠，以便提高评判的信度与效度）等教学质量评价指导设计需坚持的原则。徐薇薇等（2011）提出评价体系的指标构建应着重考虑评价指标的整体性、评价指标的时效性与导向性、评价指

① 原雪．“以学生为中心”的高校教师教学质量评价体系的研究［D］. 哈尔滨：哈尔滨理工大学，2019.

标的直观性三个方面的因素。其中，整体性是指对教师教学质量评价的主体通常由督导专家和学生两部分组成，应从不同的角度分别设计评价指标。督导专家的评价主要集中在教学资料、教学态度、教学水平、考核环节和结果上，对教师的教学质量作出评价。学生由于对教学理论和教学规律的认识水平有限，他们的评价侧重于教师的责任心、教师的教学效果、教师课外的投入，以及与学生的交流、沟通等情感因素上。开展课堂教学质量评价，最终目的是提高教学质量。评价指标不仅要成为判断教学质量的标准，而且要成为教师在不同时期努力的方向，因此评价指标的时效性与导向性非常重要。比如，随着计算评价指标要用直观的语言加以定义，其内容应容易直接测量。对于教学中的某些不可直接测量或不易测量的因素，必须进行取舍或将其转化为若干具体、可以测量的指标。① 张林英、高群（2010）认为有效的评价指标体系设计必须考虑两个原则：一是综合全面原则，二是可操作性原则。周元琴（2013）指出，二级学院作为高校的办学实体，是高校教育教学的基层单位，二级学院教学质量评价体系的构建与完善，应遵循主体性原则、激励性原则、权威性原则、科学性原则、可操作性原则，采用督导评价、学生评教、领导评价、同行评价和自我评价的多元评价模式。杨勇（2011）提出建立高校形势与政策课课程教学质量评价指标体系应遵循定量与定性相结合、可控与可评相结合、平衡与差异相结合的原则。王红萍、刘青广、赵亚红（2008）提出高校实验教学质量评价指标体系的构建应遵循有效性原则、客观性原则、科学性原则与可行性原则。骆兰、薛艳、唐国强（2006）提出高校课堂教学质量评估指标体系构建应遵循的基本原则：科学导向原则、过程控制原则、纵向比较原则、整体一致原则、相对独立原则、可操作性原则以及针对性原则。江珩、吴雪梅（2005）针对传统的实验教学质量评价重过程、轻结果，指标过于模糊，操作主观性强，测评结果无法发挥应有的作用等问题，提出“实验教学中心”，构建以教师课堂教学为主体，导学督学并重、设惑解惑并重、知果知因并重的实验教学质量综合评价体系，以激励教师不断提高自身的实践和创新能力，重视学生实践创新能力的培养。②

尽管对于教学质量评价指标，不同学者提出了各自的指导原则，但基本包括了全面性（整体性）、科学性（可比性、相对独立、针对性等）与可操作性（可行性、简明、通用）。

### （一）全面性原则

全面性原则注重课堂教学各环节的紧密结合。教学质量评估指标体系在设计上不仅

---

① 徐薇薇，吴建成，蒋必彪，等．高校教师教学质量评价体系的研究与实践［J］．高等教育研究，2011，32（1）：100-103.

② 江珩，吴雪梅．关于深化高校实验教学改革的几点认识［J］．中国大学教学，2005（6）：42-43.

注重关键评估项目的界定和权重的分配，也注意评估指标各项目之间的关联度。围绕课堂教学的全过程，充分考虑教学方法、教学手段、教学思路、学生获取的知识、参与程度等。对这些相互区别又密切联系的各种因素做出整体考虑，构建相应的指标体系，真正实现提高教学质量的评估目的。[①] 同时，不同教师教学质量评价的主体，应从不同的角度分别设计评价指标。如督导专家的评价主要集中在教学资料、教学态度、教学水平、考核环节和结果上，对教师的教学质量作出评价。而学生由于对教学理论和教学规律的认识水平有限，他们的评价侧重于教师的责任心、教师的教学效果、教师课外的投入，以及与学生的交流、沟通等情感因素上。

### （二）科学性原则

开展教学质量评价的最终目的是提高教学质量，评估指标不仅要成为判断教学质量的标准，而且要成为教师为之努力的方向。一方面，评价指标体系的设计要有科学的理论依据，符合理论与实践教学规律，尽可能客观、准确、严格地按照科学规律行事，体现高校课堂教学与实践教学工作客观规律的基本要求和发展趋势；另一方面，应遵循科学的教育学原理和统计学的资料分类要求，指标体系要有统一的分类基准，各项指标都有明晰的内涵，指标的外延互不交叉和重叠[②]，使评价体系之间成为既互容和相对独立，能够从不同的侧面反映目标的要求，又不冲突、互不矛盾的有机整体，以提高评价体系的有效度和可信度。

### （三）可操作性原则

可操作性原则强调指标设计的客观性、实践性。指标的设计采取定量与定性相结合的方式。因为定量指标虽可克服定性指标的缺点，较真实地反映评估情况，但并非所有指标都可以量化；定性指标的可信度、区分度较弱，但评估主体的主观因素较明显。因此，在对教学质量评估指标进行表述时尽量做到明确无歧义，同时在设计时尽量做到细化，对每项指标的内涵都要求有实事求是的可提供的材料做依据，并可客观衡量，以最大程度减少因主观带来的误差。最后，使各项具体指标的评估均可以通过实际观察、测量得到明确的结论，实现指标可操作性。

---

① 吴虹．基于模糊综合评判法的高校教师教学质量评价体系的构建［J］．统计与决策，2010（3）：166-168.

② 江珩，吴雪梅．关于深化高校实验教学改革的几点认识［J］．中国大学教学，2005（6）：42-43.

# 第三章　以学生自我素质教育为驱动的高职院校教学质量评价

大学生素质教育是全面贯彻党的教育方针，以提高国民素质为根本宗旨，以培养学生的创新精神和实践能力为重点，造就“有理想、有道德、有文化、有纪律”的德智体美劳全面发展的社会主义事业建设者和接班人。大学生是一个特殊的社会群体，大学生活阶段是每个人个性成熟、定型的关键时期，这一阶段大学生的自我意识有其独有的特征与作用，利用这种特征与作用引导，发展大学生的自我教育能力，促使大学生走自我发展、自我提高的道路，是对大学生实施素质教育的一条有效途径。因此，学生自我素质教育成效是以学生为中心的高校教学质量检验的重要方面。

高职院校是当前我国应用型高校主体，承担着我国应用型人才的培养重任。本章以高职院校为研究对象，在对大量素质教育、自我教育、职业素质教育等相关研究成果进行分析梳理的基础上，将高职学生素质教育内涵归纳为基本素质和职业素质两个部分。基本素质包括：政治素质、思想素质、道德素质、文化业务素质、身体心理素质、法律素质；职业素质包括：职业道德素质、职业技能素质、开拓创新素质、自我发展素质，构建了包含基础素质、岗位素质、拓展素质等三类主要素质的评价体系，并对各类素质的评价指标与指标内涵进行了分析。通过对高职学生素质教育政策理论与现实基础的深入分析，在解析原有素质教育内部结构及影响因子相关研究成果的基础上，构建自我素质教育影响因素结构方程理论模型，提出 11 条因果路径假设。同时，以湖南理工职业技术学院在校学生为研究样本，采用问卷收集样本数据，对 300 名学生进行了调查，运用 AMOS 统计软件对数据进行模型分析与验证，探寻影响高职学生自我素质教育水平的影响因素，并提出有效提升高职学生自我素质教育质量的对策与建议。

# 第一节　自我素质教育的定义与基本特征

## 一、素质教育

素质教育概念及其理论是我国改革开放实践，尤其是教育改革深化和发展在教育理论和思想上的产物。素质教育是具有鲜明时代特征和重要理论价值的命题。素质教育作为一种现代教育思想在我国出现于20世纪80年代，形成于20世纪90年代。理论界关于“素质教育”的定义有9类15个之多。[①] 1988年，我国学者言实最早在公开刊物上提出素质教育概念，并对其内涵进行了初步说明。此后，王海、燕国材等人也相继对基础教育领域的素质教育理论展开了研究。朱小蔓等人组成的“素质教育的概念、内涵及相关理论”课题组提出素质教育是不断发展的概念。《中共中央 国务院关于深化教育改革全面推进素质教育的决定》明确指出：实施素质教育，就是全面贯彻党的教育方针，以提高国民素质为根本宗旨，以培养学生的创新精神和实践能力为重点，造就“有理想、有道德、有文化、有纪律”的，德智体美劳等全面发展的社会主义事业建设者和接班人。[②] 原国家教育委员会副主任柳斌提出素质教育应有的三大要义：第一要义是面向全体学生，首先要普及。第二要义就是要德、智、体、美全面发展。第三要义是让学生主动发展。这一说法将素质教育的对象、内容与实施途径进行了明确规定，符合马克思主义的人本学说与《中共中央 国务院关于深化教育改革全面推进素质教育的决定》文件精神。到20世纪90年代，素质教育的研究范围及深度进一步拓展，关于高职院校的素质教育问题也成为理论界和教育界关注的热点问题。迟艳杰（1996）、徐静（2002）等人在研究素质教育基础理论的前提下，对高职院校素质教育的实质、内涵以及特殊性进行了分析，指出高职学生素质教育内容主要包括：职业道德素质、职业技能素质、自我发展素质、创新素质、适应职业特殊需要的身体和心理素质。高薇薇（2006）、张立今（2008）等学者在对高职院校素质教育的内涵及培养目标等方面研究的基础上，对高职素质教育的具体实施和评价体系等方面进行探讨，进一步丰富了高职院校素质教育的相关研究。虽然国外没有“素质教育”一词，但素质教育作为一种教育思想，各国只是在提法上有所不同，最终都是以全面提高人的基本素质为目的。如美国的素质教育是以杜威的教育思想为立

① 熊华生．对“应试教育”“素质教育”概念的分析［J］．教育研究与实验，1997（3）：14-16.

② 中共中央 国务院关于深化教育改革全面推进素质教育的决定［EB/OL］．（1999-06-13）［2024-06-22］．https：//www. nmg. gov. cn/zwgk/zfgb/1999n_ 5236/199907/199906/t19990613_ 309013. html.

足点，从宏观角度认为素质教育应是指以培育每位国民都具有理想素质为宗旨，并能有效地达成此项宗旨的教育；德国一般称素质教育为“能力教育”，其关键是培养学生自主学习的能力和社会能力，让学生掌握终身学习的方法和在社会中生活的方法。①

## 二、自我教育

国外学者对自我教育的理论阐述较多，教育思潮派别林立，理论纷呈，但主要是存在主义的自我教育和人本主义的自我教育。归纳起来主要有以下几种：（1）存在主义的自我教育。一种主观唯我主义教育哲学，主要代表人物是法国的让-保尔·萨特（Jean-Paul Sartre）、德国的马丁·海德格尔（Martin Heidegger）以及美国的乔治·F. 奈勒（George F. Kneller）等人，他们认为教育是以个人的“自我完成”为目标，个人是“教育的主体”，教育即创造自我、完成自我，每个人最好的老师就是自己。（2）人本主义自我教育。其代表人物有亚伯拉罕·马斯洛（Abraham Maslow）等人。它的核心观点是自我实现，自我实现是把人变得越来越个体化，所要实现的是个人的责任感。（3）现代隔离性自我教育。苏联教育家瓦里西·亚历山德罗维奇·苏霍姆林斯基（Vasily Aleksandrovich Sukhomlinsky）则指出，促进自我教育的教育才是真正的教育，并且认为在对个人的教育中，自我教育是起主导作用的方法之一，个人教育离开自我教育是不可思议的。美国著名教育家杜威也赞同苏霍姆林斯基的观点，提倡表现个性、培养个性，反对从上而下的灌输教育。②

在国内教育领域，“自我教育”并不是刚出现的新鲜事物，我国古代就很重视“自我教育”，从道家的“独善其身”到儒家的“修身、齐家、治国、平天下”“见贤思齐焉，见不贤而内自省也”，无不闪烁着“自我教育”思想的光芒。后来，教育学者们对自我教育提出了不同的观点，邱伟光、张耀灿（1999）指出，自我教育是指受教育者根据思想政治教育的目标和要求，在自我意识的基础上通过自我认识、自我体验、自我控制产生积极进取之心，主动接受先进思想和正确行为，形成良好的思想品德和行为的方法。也有学者认为自我教育不仅是一种方法、一种手段，而且是一种社会活动，如李辉、许文贤等（2005）将自我教育定义为：在教育者的影响和启发下，教育对象发挥主观能动因素，进行自我调节、自我控制和自我修养，促使自己的政治思想品德和行为习惯向良好的方向转化、发展的教育。在对自我教育内涵研究的基础上，不少学者对自我教育的特征、方式、评估体系和实施机制等方面进行了深入研究，进一步完善了自我教育理论体

---

① 刘京辉. 德国的素质教育［J］. 宁夏教育，2007（5）：78.

② 沈雷. 论高校思想政治教育中的自我教育［D］. 成都：四川师范大学，2008.

系。汪家军、陈西玲（2005）认为对学生的主体觉醒程度、自我教育能力的综合评估是引导教育重心从“他育”转向“自育”的必由之路，从而构建了学生自我教育综合评估的数学模型。张晓静（2004）认为，自我教育机制包括发生机制、动力机制和调节机制。

## 三、自我素质教育

虽然国内外关于素质教育、自我教育的相关研究较多，但是关于如何在高职院校素质教育过程中引入自我教育理念，即自我素质教育的研究文献则相对较少。顾莲芬（1999）提出，实施素质教育的实质就是要突出和重视对学生能力的培养，而自我教育能力的培养是素质教育首要的关键性问题。[①] 姜丹（2000）首次将自我教育与素质教育概念相结合，提出学生自我素质教育理念以及如何加强高校学生的自我素质教育。王成文（2001）通过进一步研究，认为素质教育主要依靠内部因素发挥作用，通过自我教育来实现，即自我教育是实施学生素质教育的有效方式。顾宏祯（2003）围绕高职院校素质教育案例进行探讨，再次肯定了顾莲芬的观点，认为学生开展“自我教育、自我管理、自我服务”的教育实践活动，是培养学生综合素质，提高综合职业能力的有效方法和重要途径。[②] 李秀梅（2005）在分析验证自我教育在素质教育中的作用后，提出了自我教育的具体实现模式。

大多数学者基本认可自我教育在素质教育实施过程中的重要作用并初步探讨了其实现模式，但将素质教育与自我教育概念相结合，即对自我素质教育的概念界定却很少有研究，更未对其实质、内涵及特征进行深入分析。学者们只是一味追求教师在素质教育中的主导作用，没有充分调动学生的自觉性、积极性和主动性。实施素质教育不仅是一种自上而下的行为，更应是学生自觉、自发的行为，素质教育本身也是对学生素质的培养与提高。

素质教育与自我素质教育有着一定的联系。自我素质教育是素质教育与自我教育的有机结合。其内容是素质教育，其形式是自我教育，其过程是内化。后者影响前者，前者在一定程度上也影响和折射后者，二者相辅相成。

素质教育与自我素质教育存在三种联系：其一，学生自我认识能力、评价能力影响着学生的德智体美劳水平，进而影响学生素质教育水平；其二，学生综合素质水平又反过来影响学生的自控能力、自制能力与自学能力；其三，素质教育与自我素质教育目标有着一致性，即造就“有理想、有道德、有文化、有纪律”的德智体美劳全面发展的社

---

① 顾莲芬. 素质教育中自我教育能力的培养［J］. 教学与管理，1999（1）：38-39.

② 顾宏祯. 浅谈在素质教育中学生自我教育的作用：高职院校素质教育案例探讨［J］. 天津成人高等学校联合学报，2003（2）：58-59+62.

会主义事业建设者和接班人，在构成上都有“德智体美劳”的构念。

在深刻理解素质教育与自我教育内涵的基础上，可以将自我素质教育定义为：作为主体的人（个人或群体）以人性全面发展为终极目标，主动利用外部教育有利因素，把自身作为教育对象，自主设定自身素质修养阶段目标，并在认识、评价自身现有素质结构的基础上，不断激励自我、调控自我，为促进个体和社会和谐发展而进行的各项持续性教育实践活动。

### （一）促进人性的全面发展是自我素质教育的核心内容

人的全面发展可以理解为“身心”的全面发展，即以人性发展为基础。为此，人性的健康、全面发展是社会发展的需要，更是构建和谐社会的基础。所有人在出生时都被赋予了相同的人性，只是在成长过程中产生的差异，使人性发展出现了偏颇，但人性的内在力量仍存在心中，而且可以借助自我修养重新找回，使人性得到全面发展。因此，关注人性、促进人性的全面发展是自我素质教育的核心内容。

### （二）自我认知、自我评价、自我体验、自我调控和自我实现是自我素质教育的方法

个体在外部教育的引导和激励下，产生了自我素质教育的内在动力，由此进入了自我素质教育的第一个阶段——自我认知，即指个体对自身的道德品质、思想动机和行为等方面的认知。认识自我，是最难也是最重要的事情，它必须通过周围环境对自身的反馈，客观地分析自己，并在此基础上如实地评价自我，作出合适的目标选择，即自我评价，它对个体转换思路、调整思想、选择适合自身的行为方式等方面起到重要的调节作用。自我调控可以理解为自我调节和自我监控。自我调节是个体为了达到自身的预定目标而有意识地自觉调节自己的思想和行为的活动，包括自我情感调节、自我思想调节和自我行为调节等方面。自我监控是个体对自身言行和心理状态进行监控，将自己正在进行的认知活动作为意识对象，不断地对其进行积极、自觉的监视、控制和调节。自我素质教育的最终目的是实现主体的全面提升，顺利达到预定目标，即自我实现。

### （三）自我素质教育目标随社会素质发展要求而不断变化

这里的自我素质教育目标是指随着个体成长、社会发展而预设的分阶段目标。自20世纪80年代素质教育概念提出及推广以来，其教育理念随着社会发展，侧重点也有所调整，即不同的经济发展水平、不同的社会环境，对人才素质的要求是不同的。素质教育实施初期，主要是为了改变“应试教育”理念而提出的，并没有对人才素质提出具体的要求，只是提倡学校通过课外活动等方式开阔学生视野；进入20世纪90年代，“双向选择，竞争上岗”的就业制度，对个体的素质提出了越来越高的要求，特别是对技能和职业道德素质尤为关注；21世纪的来临，教育界开始重新呼唤对人性的重视，人的健康、

全面发展被认为是素质教育实施的目标。因此，自我素质教育在实施过程中，应根据社会素质的发展要求，结合自身实际情况树立合理的素质培养目标，主动地采取行动，对自我某一素质或多方面素质积极地进行改进，以真正适应时代发展趋势。

### （四）外部教育是引导、激发自我素质教育内在动力的有机系统

个体自我素质教育也并不是完全自发的过程，它需要外部教育的正确引导和有效激发。外部教育是指能对个体自我素质教育的内部产生引导和促进作用的外在教育因素和教育力量，包括教育者、学校、家庭、社会等方面。外部教育作为一种潜在的教育力量，通过榜样引导、信任激励、奖惩激发等非强制性方式，唤醒个体的自我素质教育意识，推动个体积极进行自我素质教育。当个体的自我意识觉醒，会产生自我与社会、自我内部心理“理想自我”与“现实自我”的矛盾，并促使个体开始反思，由此有效地引导、激发自我素质教育的内在动力。

## 四、自我素质教育的基本特征

自我素质教育包括“素质教育”和“自我教育”两个范畴，“教育”具有与一般教育的共性，而“素质”“自我”对教育的限定又使其具有独特的个性。自我素质教育的基本特征主要体现在以下几个方面。

### （一）自主性

每个人都是独特的个体，都有自主意识，能够进行一定的自主活动。在自我素质教育中，受教育者不再仅处于客体地位，而是形成了受教育主体和客体的直接统一，其能动性也由此得到极大的发挥，即是否进行自我素质教育、能否坚持、教育的内容以及途径等都是由学生自主决定的。因此，自主性贯穿于学生自我素质教育的过程之中，学生可以根据社会发展对人才的素质要求，结合自身特点，不断地进行自我反思和自我调整。学生学会审视自己的学习过程，分析自己的优点和不足，然后针对性地制定改进计划；同时，在不同成长阶段设立不同的学习目标，选择学习内容、学习方法，并将所指定的计划付诸实践。

### （二）实践性

综合素质的养成不仅仅是对自身素质现状的认知、评价，更重要的是制定出修养方案并践行。素质教育的核心是培养学生的实践能力，学生在自我素质教育过程中，结合社会素质发展要求和自身实际情况，将理论知识转化为实际操作能力，将所学知识运用到解决实际问题中，并根据实践反馈情况进一步调整自我教育计划，以最终获得社会或环境的认可。我们需要设立短期和长期的目标。短期目标可以是具体的、可

量化的，如提升某项技能、改变一个不良习惯等；长期目标则更为宏观，是对个人职业和人生规划的展望。同时，制定详细的行动计划，包括确定要学习的内容、采用的学习方法、需要付出的时间和努力等。行动计划要具有可行性和可持续性，不能过于理想化或脱离实际。同时，时常反思自己的行动和效果，不断调整和优化方案。实践是检验真理的唯一标准，只有通过实践，我们才能知道培养方案是否有效，是否需要进一步调整。

**（三）均衡性**

人的发展、人的个性发展，是人自身的目标，也是社会的需要。人性的发展有一定的先天性，但环境对人性的保持和培养也会产生深刻的影响，使人性在成长过程中产生差异，甚至部分人性发展出现失衡现象，以致人性偏执，个体素质也出现了问题。尽管社会不断发展，但是全面提高个体的基本素质一直是教育界的目标。因此，自我素质教育过程中也须注重个体素质的均衡发展。学生在追求专业知识的同时，应注重跨学科知识的学习，形成全面而均衡的知识结构；同时，教师也应通过组织与引导学生参与社会实践、科研项目、社团活动等方式，培养他们的实践能力、创新能力、团队协作能力、沟通能力等多元化的能力，不断提升其综合素质和专业技能。

**（四）目的性**

个体进行自我素质教育不是随意的、盲目的，它需要个体根据社会对人才素质的发展要求，在正确分析自身实际素质的基础上，有计划地提出素质发展任务，确定适合自身素质发展的阶段目标，并且在实践过程中，根据环境反馈不断修正计划、调整方法和途径，以达到最终的素质提升目标。在这个过程中，个体需要保持持续的学习热情和自我驱动力，因为素质教育是一个漫长且不断进化的过程。首先，个体在制定自我素质发展计划时，应该全面考虑社会发展的需求和自身的实际情况。其次，确定阶段目标时，目标需要具体、明确，并具有一定的挑战性，这样才能有效激发个体的学习动力，使个体在达成目标后获得成就感，从而更加积极地投入下一阶段的学习。在实践过程中，个体也需要不断地反思和总结，根据环境的反馈及时调整计划和方法。例如，如果在某一阶段的学习中遇到了困难，个体就需要分析原因，然后针对性地调整。同时，个体也需要关注社会发展的新动态，及时更新自己的知识和技能，以适应不断变化的社会需求。只有这样，个体才能在不断的学习和实践中，提升自己的素质，成为适应社会发展需要的高素质人才。

**（五）创造性**

高职学生的自我素质教育强调个人在教育环境、社会发展的作用和影响下，自主确定个人独特的素质发展目标，自觉对自己进行认知、体验和调控等自我教育活动。一方面，它体现出了因个体差异而带来的自我素质教育目标、方法、过程的不同，即具有一定的创造性。另一方面，经过中小学的教育和成长，高职学生的认知、情感、意志，特别是思维能力都已经得到了较大发展，他们在设立自我素质教育目标的过程中，不再仅满足于依据社会提倡的人才标准和规范，而是能从自身体验出发，根据自身特点对学习目标、内容进行理性分析。这种自我教育的过程不仅有助于学生形成独立思考的能力，还能让他们在不断探索和实践中，逐渐提升符合社会需求和个人发展的综合素养。因此，这是一种创新的教育过程。

### （六）社会性

尽管自我素质教育是主体自觉、自主地进行自我教育的活动，但这种活动并不是孤立的个体活动，而是具有社会性的个体活动。这种教育模式强调的是个体在自我认知、自我评价、自我反思和自我完善等方面的主动实践，它不仅仅局限于个体自身的内心世界，更与外在的社会环境、文化背景和社会互动紧密相连。它既是个人自我实现的过程，也是社会文化传承和价值观塑造的过程，体现了个人与社会之间的动态互动和平衡。在这个过程中，个体通过不断的学习和实践，不仅能够提升自身的知识水平和能力素质，而且能够更好地融入社会，发挥其在社会中的积极作用，从而实现个人价值与社会价值的和谐统一。自我认识、评价是自我素质教育过程中很重要的内容，需要借助与他人的交往和反馈才能正确认识自己；自我体验、自我调控也是必须将行动付诸社会活动之中，从而根据社会反映不断调整目标和学习内容。因此，社会性也是自我素质教育的一个重要属性。

### （七）持续性

自我素质教育不是一段时期内的事情，它是个体毕生的实践活动，具有持续性的特点。它并非仅仅局限于某个特定的时间段内，而是一个持续不断、贯穿个体一生的实践过程。这种教育模式强调的是个体在不断学习、成长和发展的过程中，自觉地培养和提高自身的综合素质，包括道德素质、智力素质、文化素质、心理素质等方面。这种自觉性和持续性是自我素质教育的重要特点，也是其与传统教育方式的根本区别所在。社会的飞速发展对人才提出了越来越高的要求，学生在踏入工作岗位以后，仍然需要通过参加岗位培训等方式，继续提高自己，才能真正实现个人社会化，更好地完善自身素质，以顺应时代发展需求。

# 第二节　高职学生自我素质教育评价体系构建

随着我国高等职业教育规模不断扩大，改革不断深入，高职学生的素质教育日益成为教育界关注的问题。自我素质教育是素质教育中的学生自我教育部分，是素质教育的本质与核心，强调学生身心的“发展”与人类文化个体心理品质的“内化”，是素质教育中学生主观能动性发挥的过程。当前，各学者对自我素质教育的研究主要集中在学生主体能动性发挥在素质教育中的重要性以及实施路径上，如藏铁柱、刘丽佳（2000），马荣华（2000），王永锋（2001），顾宏祯（2003），李秀梅（2005），王成文（2001），郑浩（2004）等，而对自我素质教育内容构成方面的专门研究较少。因此，本节将结合已有高职学生自我素质教育的相关研究成果，对自我素质教育内容构成进行深入剖析，并构建自我素质教育的指标体系。

## 一、高职学生自我素质教育构成

20 世纪 90 年代，迟艳杰（1996）提出素质教育具体包括对学生进行身体素质、心理素质、科学文化素质、思想品德素质的培养和教育。进入 21 世纪，应教育方针与市场之需，对素质教育的研究引入了高职教育领域。徐静（2002）等人在研究素质教育基础理论的前提下，对高职院校素质教育的实质内涵以及特殊性进行了分析，指出高职学生素质教育内容主要包括：职业道德素质、职业技能素质、自我发展素质、创新素质、适应职业特殊需要的身体和心理素质。[①] 罗建远（2007）指出高职院校实施素质教育的根本出发点和落脚点，就是追求知识、能力、素质的高度和谐和完美统一，就是追求人的全面发展。[②] 汪建军（2008）将高职学生的素质分为思想道德素质、文化专业素质、身体素质和心理素质等四个方面。梁怡（2009）认为高职教育应是面向全体学生，进行思想、文化、技能、心理、身体等多方面的教育。

基于上述分析，结合多年在高职院校工作的经验，将自我素质教育内容归纳成五个模块：思想政治素质、身体心理素质、职业道德素质、职业技能素质、职业发展素质，并根据这些素质在未来职业岗位中的作用将其划分为三个层次，如图 3-1 所示。

---

① 徐静，刘丹. 试论高职院校素质教育的内涵［J］. 苏州市职业大学学报，2002（4）：1-4.

② 罗建远 . 浅谈 21 世纪高职院校的素质教育［J］. 新西部（下半月），2007（10）：132.

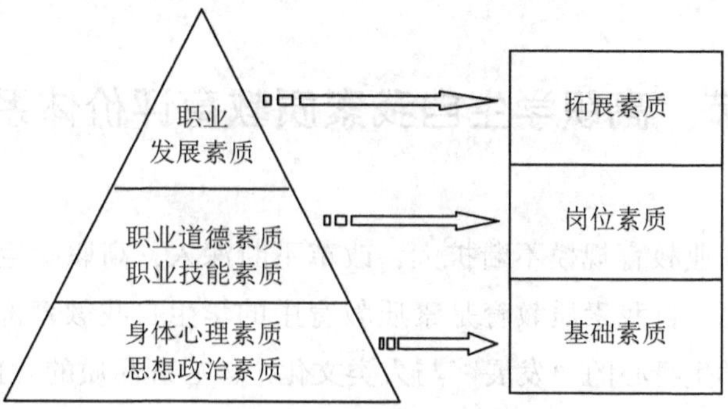


图 3-1　高职学生自我素质教育构成体系

## （一）第一层次：基础素质

基础素质包括身体心理素质与思想政治素质。身体心理素质与思想政治素质处于高职学生自我素质教育体系的最底层，是高职学生进入各就业岗位所需的共有素质，是整个素质教育构架的地基。

1. 政治素质

要求大学生树立正确的政治意识，深入了解党的理论、路线和纲领，崇尚科学，反对邪教，立场坚定、是非分明、态度坚决；要有强烈的爱国主义精神，在政治上坚决与党中央保持一致，立志成为中国特色社会主义合格建设者和可靠接班人。

2. 思想素质

思想素质决定着学生正确的世界观、人生观与价值观的树立，决定着学生对自身及周围事物总的看法与观点、善恶的分辨与美丑的评价。内容包括牢固树立为人民服务的人生观、人民利益高于一切的价值观，确立积极乐观的人生态度；建立良好的人际关系，学会关心他人、欣赏他人、尊重他人，在和谐的人际关系中健康成长；同时，树立崇高的人生理想，并坚定为实现这一理想排除万难、勇于实践。

3. 身体素质

身体素质是所有素质的物质载体，是从业人员体格和精力的统称。它是由人的自然生理结构、生理机能、人体运动状况构成的，如力量、速度、耐力、灵活性、平衡、柔韧性等，还包括劳动后恢复活动的能力。不同职业对从业人员身体素质的要求是不同的，如从事铸造、冶炼、建筑、搬运等劳动强度大的职业，对力量、耐力等要求较高；从事脑力劳动的职业，对智力、思考集中等方面要求较高。良好的身体素质是我们选择职业、从事社会主义建设的本钱。

4. 心理素质

心理素质是一个人的性格品质、心理能力、心理健康状况及其心因性行为的水平或质量的综合体现，包括人的需求、动机、兴趣、理想、信念、能力、气质、性格等。良好的心理素质，如积极进取的拼搏心理和顽强的学习意志等，不仅是我们学好专业知识和专业技能的有利条件，而且有助于自己高尚道德情操的培养，有助于承受社会主义市场经济带来的各种压力，为祖国建设作出贡献。

### （二）第二层次：岗位素质

岗位素质包括职业道德素质与职业技能素质，是高职学生自我素质教育内容在职业岗位的具体运用，是高职学生从事岗位工作的核心素质，处于素质教育构架的中坚层。

1. 职业道德素质

职业道德是指从事一定职业的人，在工作或劳动过程中所应遵循的、与其特定职业活动相适应的行为规范。职业道德既是对本行业人员在职业活动中行为的规定，同时又是行业对社会所负的道德责任与义务。职业道德是道德的一个特殊领域，是职业范围内的特殊道德要求，是一般社会道德在职业生活中的具体体现。高职学生职业道德素质的培养包括敬业精神、服务观念；规则意识、敬业思想；诚实守信、全心奉献。这些良好的职业道德素质，不仅是学生职业生涯成功的保证，而且也是保证企业产品质量、推动企业生产发展和社会发展的需要。

2. 职业技能素质

高等职业教育的特色之一就是培养高端技术应用型专门人才。职业技能素质包括专业知识和专业技能。专业知识是应职业岗位（群）要求所必需的专业理论知识和专业技术、技能知识。专业技能，是运用知识或技能，完成一定生产或工作的能力，是从业人员的重要素质。职业教育的主要任务就是使受教育者具备从事一定职业所必备的职业知识和技能，精通某项（或多项）专业技术，有熟练的操作技巧。在高职教育中，突出职业技能的培养，加强操作技能的训练，促使受教育者毕业后能够直接上岗工作。

### （三）第三层次：拓展素质

拓展素质具体指职业发展素质，是指学生具备根据职业岗位与社会需求的变化进行自我学习、自我发展与自我创新的能力，处于自我素质教育体系的高层阶段。

1. 学习素质

学会学习是高职人才所应具备的基本品质之一。人在一生的工作过程中，要根据时代和社会的要求，不断地更新知识，充实和完善自身。因此，高职院校应重视培养学生获取知识的能力，使学生树立终身学习的观念，不断掌握新知识、新技能，以适应不断变化的形势和实际工作的需要，是自我价值实现的素质要求。专业理论是专业知识体系的基础，在素质教育中以“必需、够用”为度，并为学生可持续学习、可持续发展打下基础；专业技术、技能知识是专业知识体系的核心。只有熟练地掌握专业技术、技能知识，才能更好地形成专业技能。专业技能知识是专业知识向专业技能转化必备的文化基础知识和专业基础理论，不仅是胜任当前技术密集型岗位的需要，也是知识的再生和迁移，要进一步学习和提高以适应将来岗位变革的始发点。

2. 创新素质

创新素质是职业素质的灵魂，包括创新意识、创新思维、创新学力和创新能力。其中，强烈的创新意识是创新的动力；创新思维和想象是创新的前提，可将其分解为思维的独特性、流畅性、敏锐性等要素；创新学力是创新的基础，主要特征是学习的“预期性”和“参与性”；创新能力是高职学生在未来从事创新活动的基础条件，也是创新教育需要达到的主要目的。这需要结合课程教学活动，将评价指向学生对信息的获取、使用、表达和交流能力，知识再认再现的探索能力，知识重组和综合能力，以及社会实践和动手能力等要素。

## 二、自我素质教育评价指标体系

为有效地理解、测评高职学生的自我素质教育现状，同时通过测评找出存在的不足，采取相应措施加强学生的自我素质教育，需要对自我素质教育的五大构成模块进行指标细分。通过 Delphi 法与专家访谈法，在高职学生自我素质教育五大构成模块基础上，建立高职学生自我素质教育测评指标体系，如表 3-1 所示。

**表 3-1　高职学生自我素质教育测评指标体系**

| | 一级指标 | 二级指标 | 内容 |
|---|---|---|---|
| 基础素质 | 政治素质 | 政治信念与信仰 | 信仰社会主义，不参与法轮功等邪教组织 |
| | | 政治立场、政治观点 | 拥护共产党的领导 |
| | 思想素质 | 价值观念 | 崇尚服务社会、回报社会，劳动光荣观念 |
| | | 思想方法 | 具有辩证的思维，用辩证的方法看待问题，不走极端 |
| | | 思想认识、思想觉悟 | 具有法纪意识，遵纪守法、不参与非法活动 |
| | 身体素质 | 运动技能 | 有一定的运动技能，如篮球、乒乓球、足球等 |
| | | 身体健康 | 生理机能健康，有良好的生活习惯 |

续表

| | 一级指标 | 二级指标 | 内容 |
|---|---|---|---|
| 基础素质 | 心理素质 | 认知品质 | 自我认识与对他人的认识能力 |
| | | 个性品质 | 动力特征（成就动机、求知欲）；意志特征（独立性、坚持性、自制力）；情绪特征（情绪调控能力）；自我特征（自我统合、自尊、责任感） |
| | | 适应能力 | 包括学习适应、生活适应、生理适应、职业适应、社会环境适应、人际环境适应、应激环境适应能力 |
| 岗位素质 | 职业道德素质 | 岗位责任感 | 以主人翁的姿态认真开展工作，树立安全意识、责任意识，珍惜岗位、勤奋工作的爱岗精神 |
| | | 敬业精神 | 干一行、爱一行，在工作中不断自觉学习以提高工作成效 |
| | | 服务意识 | 树立劳动即为他人服务的观念，以服务者角色从事工作，服务他人、服务社会 |
| | | 诚信品德 | 诚实守信、信守诺言，对他人的承诺尽最大能力办好 |
| | 职业技能素质 | 人文知识 | 具备文学、历史、哲学、艺术等人文社会科学和自然科学方面较丰富的知识，对社会、经济有广泛的了解 |
| | | 专业知识 | 应职业岗位（群）要求所必需的专业理论知识和专业技术、技能知识 |
| | | 专业技能 | 提出技术原理和技术构思的能力；有发明创新的能力，能创造新产品、新服务方式；技术操作、制作与推广应用的能力，专业技能达到相关职业资格中级水平；判断、选择、整合、获取和使用信息的能力 |
| | | 组织管理能力 | 组织计划、决策和指挥的能力 |
| | | 交际能力 | 口头和书面表达能力；能理智地控制交往行为；应对交往情景 |
| 拓展素质 | 学习素质 | 学习品质 | 树立终身学习的观念，有较强的学习自觉性 |
| | | 学习能力 | 学习技术的掌握能力，高职英语、高职计算机应用能力考试合格；学习方法的应用能力；创造性学习的能力 |
| | 创新素质 | 创新意识 | 创新的欲望与情绪 |
| | | 创新思维 | 想象的新颖性、独立性与丰富性等 |
| | | 创新能力 | 对信息的获取、使用、表达和交流能力，知识再认再现的探索能力，知识重组和综合能力，以及社会实践和动手能力 |

## 第三节　高职学生自我素质教育影响因素的实证研究

20世纪80年代中后期，我国教育界涌起声势浩大的素质教育热潮，主要集中在对素质教育概念的界定、素质构成要素、素质教育的理论基础与实现途径的研究，并取得了相应的理论成果：(1) 在素质教育的概念方面，不同学者分别从心理、基础、文化、能力、政策等维度对素质内涵进行解析。(2) 在素质教育构成上提出了二分法①、四分法②、六分法③。(3) 在理论基础研究上提出了认知结构理论、内因与外因的辩证统一关系理论、马克思主义人本学说和人的全面发展等理论，作为素质教育研究的理论支撑。(4) 在实现途径上提出了自我教育是实施素质教育的有效途径，要充分发挥学生在教育中的主体作用④⑤，并提出了相应对策。然而，现有的文献主要以理论论述、定性研究为主，少有数据分析、实验研究，在研究逻辑上缺少相应的因果论证。为此，从借鉴现有研究成果中素质教育实施途径成果出发，提出影响学生自我素质教育公共因子；借鉴现有研究成果中素质教育构念成果，构建自我素质教育影响因素因果模型，并进行样本统计分析，检验研究假设，针对性提出实施自我素质教育的模式。

### 一、素质教育视角下自我素质教育结构方程模型构建

对于高职学生自我素质教育研究而言，影响因素具有多样性的特点，部分重要因素无法直接测量，增加了研究的难度。鉴于此，我们引进了结构方程模型（SEM）。该模型是一种建立、估计和检验因果关系模型的多元统计分析技术，整合了因子分析、路径分析和多重线性回归分析等方法。模型可分为结构模型（Structural Model）和测量模型（Measurement Model）两部分。结构模型反映结构变量（Latent Variable，潜变量）之间的结构关系，测量模型描述结构变量与观测变量（Manifest Variable，显变量）之间的关系。观测变量含有随机误差和系统误差，前者指测量上的不准确性行为，后者反映指标同时测量结构变量以外的特性，随机误差和系统误差统称为测量误差，但结构变量不含这些误差。SEM 基本思路是：首先，根据先前的理论和已有知识，经过推论和假设形成一个

① 班华．素质结构·教育结构·素质教育［J］．教育研究，1998（5）：10-14.
② 迟艳杰．素质教育探微［J］．中国教育学刊，1996（2）：20-23+62.
③ 徐静，刘丹．试论高职院校素质教育的内涵［J］．苏州市职业大学学报，2002（4）：1-4.
④ 郑和钧．自我教育与整体素质全面协同发展［J］．湖南师范大学教育科学学报，2002（3）：70-74.
⑤ 李秀梅．自我教育在素质教育中的作用及实现模式［J］．安阳工学院学报，2005（2）：153-155.

关于一组变量之间的相互关系模型，然后经过测量，获得一组观测变量数据和基于此数据而形成的协方差矩阵（或相关矩阵），再由样本数据对所设定的模型进行参数估计，找出模型成立时变量间的协方差矩阵（或相关矩阵）。SEM 就是要与拟合性进行检验，如果假设模型能拟合样本数据，说明模型成立；否则就要修正，如果修正之后仍然不符合拟合指标的要求，就要否定假设模型。有学者指出，模型流行的原因是同时结合了验证性因子分析（Confirmatory Factor Analysis，CFA）和回归分析（Regression Analysis，RS）。该模型为我们引入了一种新的思路，其在国外取得了较好的成果，但在国内素质教育研究领域，相关研究成果寥寥无几。

为了验证在素质教育背景下开展自我素质教育的价值，以马克思主义的内因与外因的辩证统一关系为理论基础，我们构建了一个 SEM 理论模型。该模型共包括 7 个潜在变量，其中 2 个为外衍潜在变量（$\xi$），5 个为内衍潜在变量（$\eta$）。

在已有研究基础上，借鉴国内外学者的研究成果，提出 11 条待验证的因果路径，如图 3-2 所示。

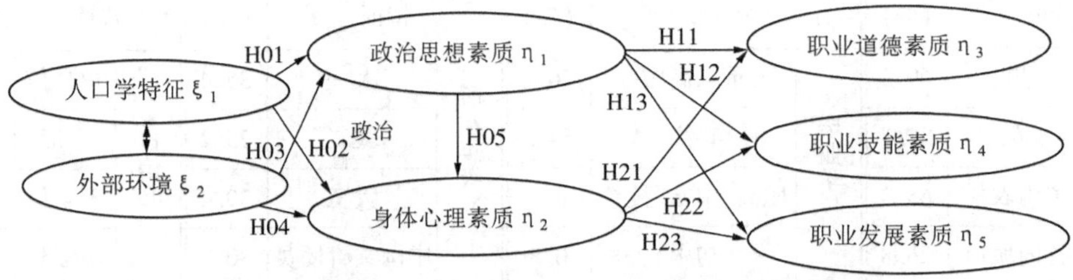


图 3-2　自我素质教育水平影响因素方程理论模型因果路径

H01：人口学特征对高职学生自我素质教育水平中的政治思想素质发展有显著影响；
H02：人口学特征对高职学生自我素质教育水平中的身体心理素质发展有显著影响；
H03：外部环境对高职学生政治思想素质正面感知水平有显著影响；
H04：外部环境对高职学生身体心理素质正面感知水平有显著影响；
H05：高职学生政治思想素质对身体心理素质有显著影响；
H11：政治思想素质对高职学生职业道德素质的自我教育水平有显著影响；
H12：政治思想素质对高职学生职业技能素质的自我教育水平有显著影响；
H13：政治思想素质对高职学生职业发展素质的自我教育水平有显著影响；
H21：学生身体心理素质对高职学生职业道德素质的自我教育水平有显著影响；
H22：学生身体心理素质对高职学生职业技能素质的自我教育水平有显著影响；
H23：学生身体心理素质对高职学生职业发展素质的自我教育水平有显著影响。

## 二、实证检验

### （一）数据采集

以湖南理工职业技术学院在校学生为研究案例，对300名学生进行问卷调查，问卷包括40道题，其中7道涉及人口统计学特征、8道涉及外部环境（*X*）、25道涉及结构变量测量指标（*Y*）。调查问卷共发放300份，收回293份，其中有效问卷254份，问卷有效率约为84.7%。从被调查学生的人口统计特征分析来看，男、女性别比例接近2∶1，与理工学院男女总体比例一致；并且包含了不同生源地、不同毕业学校级别、不同高考成绩、不同年级、不同人均收入的学生，样本随机性较强，在各方面都有较强的代表性，保证了分析的可靠性。具体学生人口学特征统计如表3-2所示。

**表3-2　被调查学生人口学特征统计**

| 学生人口学特征 | | 比重（%） | 学生人口学特征 | | 比重（%） | 学生人口学特征 | | 比重（%） | 学生人口学特征 | | 比重（%） |
|---|---|---|---|---|---|---|---|---|---|---|---|
| 性别 | 男 | 69.3 | 毕业学校 | 重点高中 | 36.2 | 所在年级 | 大一 | 35.4 | 自信心 | 很自信 | 40.6 |
| | 女 | 30.7 | | 普高 | 54.3 | | 大二 | 25.2 | | 一般 | 53.9 |
| 您来自的地方 | 省内农村 | 65.3 | | 职高、中专、技校 | 8.7 | | 大三 | 39.4 | | 不自信 | 3.1 |
| | 省内城市 | 26.8 | | 初中 | 0.8 | 政治面貌 | 中国共青团员 | 30.7 | | 不强烈 | 2.4 |
| | 省外农村 | 5.1 | 您入校的高考成绩 | ≤200分 | 6.3 | | 中共预备党员 | 11.0 | 自尊心 | 很强 | 31.5 |
| | 省外城市 | 2.8 | | 201-300分 | 37.0 | | 中共党员 | 4.7 | | 强 | 53.5 |
| | | | | 301-400分 | 48.8 | | 其他 | 53.6 | | 一般 | 14.2 |
| | | | | ≥401分 | 7.9 | | | | | 不强 | 0.8 |

### （二）验证性因子和路径分析

用AMOS 7.0打开相应数据，将254份样本数据进行探索性模型分析运算。检验分两个阶段，第一阶段是对外显性的可以直接测量的指标的检验，即验证性因子分析；第二阶段为结构变量（因子）之间因果关系的检验，即路径分析。输出结果显示，软件通过了迭代17次收敛运算。通过 $t$ 值判断和以因子载荷大于0.40为标准对指标变量进行筛选，经整理发现，删除指标为6个。通过路径系数相应临界比（*C. R.*）绝对值对原11条因果路径假设进行检验，发现有7条路径在初始结构方程模型中的路径系数相应临界比（*C. R.*）绝对值均小于1.96，$P$ 大于0.05，不具备统计上的显著性，分别是H02、H03、

H04、H11、H12、H13、H23。对原模型进行适度修正，去掉 7 条因果关系不显著的路径，最终模型如图 3-3 所示。

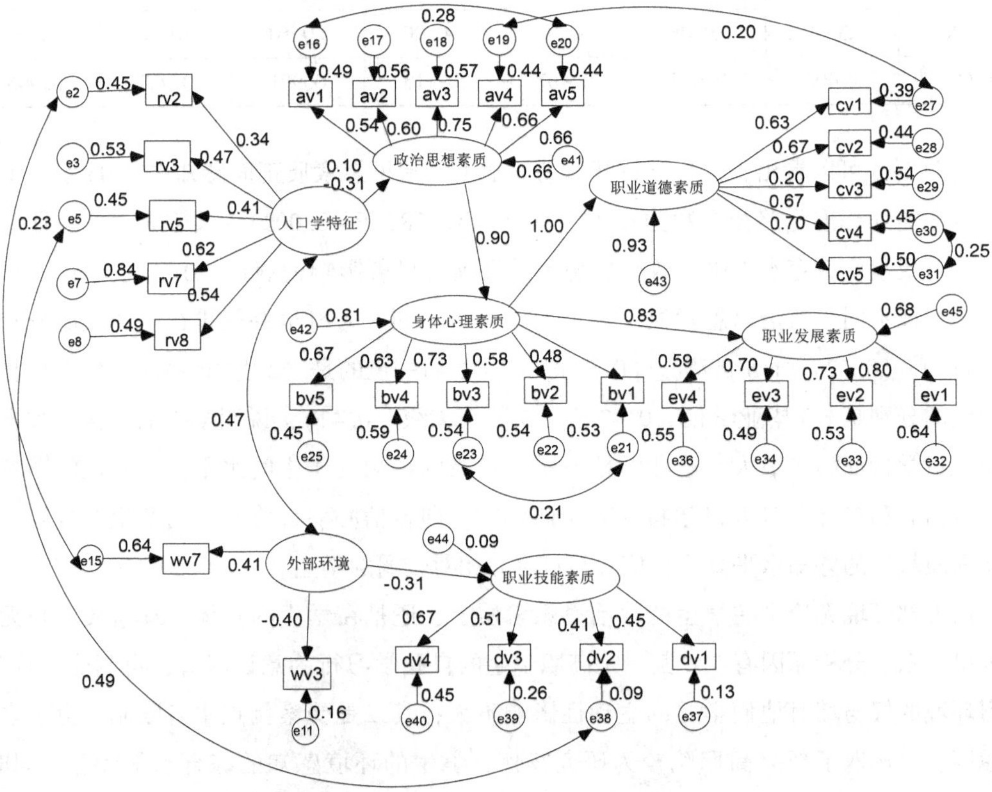


图 3-3　AMOS 验证的高职学生自我素质教育感知结构方程模型

**注**：rv1：性别，rv2：生源地，rv3：毕业学校，rv4：高考成绩，rv5：所在年级，rv6：政治面貌，rv7：自信心，rv8：自尊心，wv1：校园文化环境，wv2：校园教学设施，wv3：师资水平，wv4：就业形势，wv5：就业压力，wv6：家庭收入，wv7：父母职业，av1：爱国，av2：入党积极性，av3：服务社会，av4：分析问题方法，av5：遵纪守法，bv1：参加体育活动，bv2：生活习惯，bv3：学习工作韧性，bv4：适应环境能力，bv5：自制力，cv1：关心他人，cv2：学习工作责任心，cv3：守时性，cv4：爱岗敬业，dv1：考试成绩，dv2：职业技能证书，dv3：班上担任职务，dv4：组织的活动，ev1：学习欲望，ev2：成果满足感，ev3：学习能力，ev4：自我实现。

在最终确定的修正模型中，观察修正模型整体适配度主要指标（如表 3-3）和修正模型潜在变量之间的路径系数，相应的临界比（*C. R.*）的绝对值均大于 1.96 的参考值，在 $P$ 小于 0.05 的水平上具有统计显著性。综合以上各拟合指标的评判，修正模型的数据拟合通过检验，确定为最终结构方程模型。

**表 3-3 最终结构方程模型整体适配度主要指标值**

| 指标 | $\chi^2/df$ | RMR | GFI | AGFI | PGFI | NFI | RFI |
|---|---|---|---|---|---|---|---|
| 标准 | <3.00 | <0.05 | >0.90 | >0.90 | >0.50 | >0.90 | >0.90 |
| 最终模型 | 1.406 | 0.047 | 0.907 | 0.915 | 0.901 | 0.927 | 0.906 |

由图 3-3 可以看出，人口学特征对高职学生政治思想素质正面感知在 0.05 水平上产生显著影响（标准化路径系数为 0.36，*C. R.* =1.978，*P*=0.002），关于人口学特征对高职学生自我素质教育水平中的政治思想素质发展有显著影响的假设 H01 成立，说明居民人口学特征不同，政治思想素质发展水平也有所不同。人口学特征排在前两位的分别是 rv7 自信心（0.62）、rv8 自尊心（0.54），排在最后一位的是 rv2 生源地（0.34）；排在中间两位的分别是 rv3 毕业学校（0.47）、rv5 所在年级（0.41），说明学生的自信心和自尊心对人口学特征影响最大，毕业学校与所在年级的影响处于中间水平，生源地的影响最小。自信心和自尊心对人口学特征有正向影响，即自信心、自尊心强的学生对自我政治思想素质教育的感知水平高于自信心与自尊心相对较弱的学生。

而外部环境无论是在学生的政治思想素质上，还是在学生的身体心理素质上都无显著因果关系。分析原因有二：其一是高职学生的自我学习行为意识淡薄，自制能力较差，学习环境的好与坏对他们学习的主动性影响不大；其二是受案例点本身限制。由于多方面原因，只选取了新兴高职院校为研究案例，学生的环境感知的综合水平较差。同时，政治思想素质对职业道德素质与职业技能素质、创新素质也无显著影响。

然而，通过对模型修正，发现外部环境对高职学生职业技能自我素质教育水平有显著影响（标准化路径系数为-0.31，*C. R.* =-2.917，*P*=0.004）。研究发现，对学院师资水平的满意度直接影响着学生的职业技能素质的自我教育水平，同时父母职业的稳定性、家庭环境的优越度也影响着学生的职业技能素质的自我教育水平，即家庭环境越好，对自我职业技能素质教育的需求越低。

政治思想素质虽然与职业道德素质之间无显著的因果关系，但政治思想素质却直接影响着学生的身体心理素质，它们之间的路径系数为 0.90，而学生的身体心理素质又直接影响着其职业道德素质，它们之间的路径系数为 0.93。说明学生的政治思想素质通过身体心理素质间接影响着他们的职业道德素质。身体心理素质在影响着职业道德素质的同时，与学生的职业发展素质也有直接关系，路径系数达到了 0.83。可以看出，学生的身体心理素质在整个自我素质教育构成体系中居于核心位置，影响着其他素质水平的高低。

## 三、结论和建议

从自我素质教育外部影响因素来看，既受不可抗力因素（人口学特征）的影响，也受人为因素的干扰，如学院的师资队伍、家庭环境、文化环境等。因此，要提高学生的自我素质教育水平，其一，从加强师资队伍建设入手，充分发挥教师队伍的示范作用、引领作用；其二，加强学院的校园文化建设、内涵建设，提升学院文化品质，增强学生的荣辱感、责任感、使命感，提高学生的政治思想素质和心理素质水平；其三，从加强同学生家长的沟通联系入手，注重家庭教育，注重父母素质的提升，发挥父母的教育功能，提高学生的职业素质水平。

从自我素质教育内部影响因素来看，学生的身体心理素质在自我素质教育体系中处于核心位置，直接影响着学生的职业道德素质和职业发展素质。因此，要提高高职学生的自我素质教育水平，关键在于提高学生的身体心理素质。而学生的身体心理素质与政治思想素质存在着因果关系，即政治思想素质水平影响着身体心理素质。由此，高校政治思想课的重要性不容忽视，学院重视思政课程的教学改革，提高教学效果，辅之以有利于学生政治思想教育的外部环境的创设，以外因激发内因，达到提升身体心理素质，提高学生整体素质教育水平的目标。

# 第四章　以学生满意度为驱动的高职院校教学质量评价

百年大计，教育为本。教育能够提高人民的综合素质、促进人的全面发展，是社会进步的基石，对实现中华民族伟大复兴具有重要作用。办好人民满意的教育一直是党和国家坚守的教育方针，党的十八大以来，以习近平同志为核心的党中央始终把教育摆在优先发展的战略位置。国家财政性教育经费支出占国内生产总值比例，连续10年保持在4%以上，是财政一般公共预算的第一大支出。人民满意的基础是学生满意，学生作为教学过程的参与者，教学工作的作用对象，其满意度是衡量教学活动质量的重要评价途径，也是以学生为中心进行高校教学质量评价的重要观测视角。

## 第一节　高职学生教学满意度的理论内涵

### 一、教学满意度

教学满意度是指学生、家长或其他相关人员对教学过程和教学效果的满意程度。国内外学者对此有各自的看法，如学生教学满意度是指学生对所在学校怀有的吸引、自豪或积极的情感；学生的满意度是学生对学习和生活等各方面的一种总的带有情绪色彩的想法和看法，与学生的行为积极性和心理健康具有密切的关系；学生满意度是当高校学生的期望得到满足或者超出满足状态时，学生所感知并报告的对自己大学经历的满足感觉。这种教学感知可定义为学生对高校教师在教学过程中教材选用、教学内容、教学方法、教学态度、教学效果、学业评价等方面的满意度。本书认为高校学生教学满意度主要包括对教师的教学方法、教学内容、教学态度、教学资源等方面的评价。如果教师教学方法多样且富有启发性，能激发学生的学习兴趣；教学内容丰富、实用且前沿，符合学生的学习需求和职业发展规划；教学态度认真负责、关爱学生，能及时给予学生指导和反馈；教学资源充足，如图书资料、实验室设备等能满足学习需要，那么学生对教学的满意度就可能较高。

除此之外，从家长角度而言，教学满意度可能更多地关注学校的整体教学质量、学生的学习成果以及学校对学生的综合素质培养等方面。他们希望看到孩子在学校能够获得良好的教育，为未来的发展打下坚实的基础。

总的来说，教学满意度是衡量教学质量的重要指标之一，它反映了教学活动是否满足了相关人员的期望和需求。本章主要从学生角度来研究教学满意度。

## 二、高职学生对教学满意度的关注重点

### （一）教学内容

高职学生对教学内容的满意度的关注重点主要包括三个方面：一是实用性，教学内容是否与职业需求紧密结合，是否有助于学生在未来的职业生涯中获得实际应用技能。二是行业前沿性，课程内容是否反映了行业的最新发展动态和技术趋势，使学生能够接触到最新的知识和理念。三是内容丰富性，教学内容是否丰富多样，涵盖专业领域的各个方面，满足学生不同的学习需求和兴趣爱好。

### （二）教学方法

在教学方法方面，高职学生更关注教学方法的多样化，教师是否采用多种教学方法，如讲授、案例分析、小组讨论、实践操作等，以满足不同学生的学习风格和能力水平。同时，教学的互动性也是高职学生关注的重点，教学过程中是否注重师生互动和学生之间的互动，鼓励学生积极参与课堂讨论和提问，提高学生的学习积极性和主动性。最后，教学方法是否有启发性，教师是否能够引导学生进行思考和探索，培养学生的创新思维和解决问题的能力，也是学生关注的重点。

### （三）教学资源

在教学资源方面，高职学生主要关注以下几点：教材内容是否准确、系统、新颖，符合教学大纲的要求，并且易于学生理解和掌握；学校是否提供了先进的教学设施和设备，如实验室、实训基地、多媒体教室等，为教学提供良好的硬件支持；学校是否与行业领先企业结成了合作关系，通过引入行业资源帮助培养学生的专业能力与职业能力；学校是否提供了丰富的网络教学资源，如在线课程、电子图书、学术数据库等，方便学生进行自主学习和知识拓展。

### （四）教师素质

教师是实施教学的主体作用者，教师素质的高低直接影响学生对教学的满意感知水平，与其他教育类型层次相比，教师以下三项素质对高职学生教学满意度影响最高：一是专业水平，教师是否具备扎实的专业知识和丰富的教学经验，是否能够准确地传授专业知识和技能；二是教学态度，教师是否认真负责，对学生关心爱护，尊重学生的个性和差异，是否能够及时给予学生指导和帮助；三是沟通能力，教师是否具备良好的沟通能力，与学生进行有效的沟通和交流，成为学生信任的朋友，了解学生的学习需求和问题，并及时给予反馈和解决。

### （五）教学管理

教学管理是教学感知的重要方向，高职学生对教学管理的满意度主要体现在以下三个方面：一是教学安排，教学计划是否合理，课程设置是否科学，教学进度是否适中，考试评价是否公正客观，是否能考虑高职学生的学习能力与学习需求；二是教学服务，学校是否提供了良好的教学服务，如教学咨询、学业指导、就业服务等，为学生的学习和发展提供全方位的支持；三是教学环境，学校是否营造了良好的教学环境，包括硬环境，如校园环境、生活环境、出行环境等，还包括软环境，如校园文化、学风建设、安全保障等，为学生的学习和生活提供舒适的条件。

## 三、高职学生教学满意度的影响因素

哪些因素会影响高职学生的教学满意度呢？研究发现，学生满意度的影响因素可分为学生的学习经历和社会经历两个方面。其中，学习经历的影响因素可分为学习环境的变量和师生交流；社会经历影响因素包括校园氛围和同伴关系。学生的成绩、对课程教学和专业的满意度及孤立感都与学生满意度水平呈显著相关。还有学者分别就学生满意度中的年级、种族因素及文化背景因素的影响进行了研究。在已有研究的基础上，结合专家访问及多年从事高职教育的经验，选取了社会人口特征、知识水平、学习环境、学科背景、个人求知欲、个性特征等六类影响因素分析高职学生对高校教师的教学满意度。

本书认为高职学生教学满意度的主要影响因素除了前面阐述的五个方面的关注重点外，还应包括学生自身因素，如学生动机、学习能力和学习态度，这三个自身因素主要是从学生本体出发影响其对教学满意的感知水平。学生的学习动机是否强烈，对学习的重视程度如何，会影响学生的满意度。如果学生具有强烈的学习动机，重视学习，积极主动地参与学习活动，那么他们对教学的满意度就会较高。学生的学习能力也会影响他们对教学的满意度。如果学生的学习能力较强，能够轻松地掌握知识和技能，那么他们对教学的满意度就会较高。相反，如果学生的学习能力较弱，学习起来比较吃力，那么他们对教学的满意度就会较低。学生的学习态度是否端正，对教师和课程的评价是否客观，也会影响他们对教学的满意度。如果学生能够以积极的态度对待学习，尊重教师，客观评价课程，那么他们对教学的满意度就会较高。

因此，应从内外两个方面来提升高职学生的教学满意度。在内部要从学生自身出发，端正学生的学习动机和学习态度，提升学生的学习能力，从主观上去改善学生对外部良好教学环境的感知满意水平；在外部要改进教学内容和教学方法，提升教学管理和教师素质，丰富教学资源，提高学生对教学环境的满意度感知水平。

## 第二节　差异化教学模式与高职院校人才培养

### 一、差异化教学的定义

目前得到普遍引用的差异化教学的定义有以下三个：① 我国学者华国栋认为："差异教学"是指在班集体教学中立足学生的个性差异，满足学生个别学习的需要，以促进每个学生在原有基础上得到充分发展的教学。② 美国学者戴安·荷克丝（Diane Heacox）认为："差异教学"是指教师改变教学的进度、水平或类型以适应学习者的需要、学习风格或兴趣。[①] ③ 美国学者卡罗尔·安·汤姆林森（Carol Ann Tomlinson）的观点是：在差异教学课堂中，教师会根据学生的准备水平、学习兴趣和学习需要来主动设计和实施多种形式的教学内容、教学过程与教学成果。[②]

分析上述定义，三者在含义上是基本一致的，都强调要立足于学生个性差异，不以同一标准要求所有学生，满足学生不同的学习风格、兴趣等需要，使所有学生得到充分的发展，探讨适合学生特点的教学形式、教学内容、教学过程与教学结果。其最终目的是促进每个学生在原有的基础上都得到最大的发展，是为鼓励和保护差异发展，并非以消除差异为目的。此处倾向第一种概念：从学生个体差异需求设计课程教学方案。

综上分析，本书认为差异化教学是一种以满足学生个体差异为核心的教学理念和方法。它强调教师在教学过程中，充分认识到学生在学习风格、兴趣爱好、能力水平、学

① 荷克丝. 差异教学：帮助每个学生获得成功［M］. 杨希洁，译. 北京：中国轻工业出版社，2004：6-8.
② 汤姆林森. 多元能力课堂中的差异教学［M］. 刘颂，译. 北京：中国轻工业出版社，2003：25-30.

习进度等方面的差异，从而有针对性地设计教学内容、教学方法、教学活动和评价方式等，以确保每个学生都能在自己的基础上获得最大程度的发展。差异化教学旨在为不同的学生提供个性化的学习体验，激发学生的学习兴趣和潜能，提高教学的有效性和质量，使每个学生都能在学习中找到适合自己的发展路径，实现自身的价值。

## 二、差异化教学的显著特点

### （一）学生为中心

差异化教学将学生置于教学的中心位置。它充分认识到每个学生都是独特的个体，具有不同的学习风格、兴趣爱好、能力水平和学习需求。教师不再采用“一刀切”的教学方法，而是根据学生的具体情况制定个性化的教学计划，以满足不同学生的学习需求，确保每个学生都能在学习中得到充分的发展。

### （二）个性化教学

个性化教学主要体现在以下几个方面：一是学习目标的个性化，根据学生的现有水平和发展潜力，为每个学生设定不同的学习目标。对于学习能力较强的学生，可以设定较高的目标，鼓励他们挑战自我，拓展知识、技能的深度和广度；对于学习能力较弱的学生，则设定相对较低的目标，帮助他们逐步建立自信，提高学习能力。二是教学内容的个性化，根据学生的兴趣爱好和学习需求，选择适合他们的教学内容。例如，对于对文学感兴趣的学生，可以提供更多的文学作品进行阅读和分析；对于对科学感兴趣的学生，可以提供更多的科学实验和探究活动。三是教学方法的个性化，根据学生的学习风格，选择适合他们的教学方法。例如，对于视觉型学习者，可以采用图片、图表、视频等教学资源；对于听觉型学习者，可以采用讲解、讨论、演讲等教学方法；对于动觉型学习者，可以采用实践操作、小组活动、角色扮演等教学方法。

### （三）多元化评价

差异化教学采用多元化的评价方式，全面评价学生的学习过程和学习成果。评价内容不仅包括学生的知识掌握程度，还包括学生的学习态度、学习方法、创新能力、合作能力等方面。评价方式也多种多样，如教师评价、学生自评、学生互评、家长评价等。通过多元化的评价，能够更准确地了解每个学生的学习情况，为进一步的教学提供依据。

### （四）灵活教学组织

一是分组教学，根据学生的学习能力、兴趣爱好等因素，将学生分成不同的小组进行教学。在小组中，学生可以互相学习、互相帮助，共同提高学习效果；同时，教师也可以根据小组的特点，制定不同的教学计划和教学方法。二是个别辅导，对于学习困难的学生，教师可以进行个别辅导，帮助他们克服学习障碍，提高学习能力。个别辅导可以在课堂上进行，也可以在课后进行。三是强调自主学习，鼓励学生进行自主学习，培养学生的自主学习能力。教师可以为学生提供学习资源和学习指导，让学生根据自己的学习进度和学习需求进行自主学习。

### （五）动态调整

差异化教学是一个动态的过程，教师需要根据学生的学习情况和发展变化，及时调整教学计划和教学方法。例如，当学生的学习能力提高时，教师可以适当提高学习目标和教学难度；当学生的学习兴趣发生变化时，教师可以调整教学内容和教学方法，以满足学生的新需求。通过动态调整，确保教学始终与学生的实际情况相适应，提高教学的有效性和针对性。

## 三、高职院校实施差异化教学的必要性

### （一）满足高职学生多样化发展的需要

高职院校的学生来源广泛，背景差异大，包括普通高中毕业生、中职毕业生等。他们在知识基础、学习能力、学习习惯等方面存在较大差异。实施差异化教学可以根据不同学生的特点，提供个性化的教学方案，满足他们的学习需求。同时，当前大学生，特别是高职学生兴趣爱好广泛，他们有的对技术操作感兴趣，有的对理论研究有热情。差异化教学可以根据学生的兴趣爱好，引导他们在自己感兴趣的领域深入学习，提高学习的积极性和主动性。

### （二）提高高职院校教学质量的要求

针对学生多样化的特点，开展差异化教学，才有可能把学生培养好，这体现了因材施教的教学理念。差异化教学能够针对每个学生的具体情况进行教学，使教学更加精准。教师可以根据学生的优势和不足，调整教学内容和方法，帮助学生克服困难，提高学习效果。同时，差异化教学可以充分调动每个学生的特长，学生可以在自己擅长的领域得到更多的发展机会，发挥自己的优势，提高自信心；也可以在薄弱环节得到更多的关注和支持，逐步提高自己的能力水平。

### （三）适应新时期职业教育发展的趋势

职业需求多样，而高职院校的培养目标是为社会输送各类技术技能人才，不同的职业领域对人才的要求各不相同。实施差异化教学可以更好地满足不同职业领域的需求，培养出符合市场需求的高素质人才。同时，职业教学对实践教学要求高，学生需要在实践中掌握专业技能。差异化教学可以根据学生的实践能力和兴趣，安排不同的实践项目

和实习岗位，提高学生的实践能力和职业素养。并且，差异化教学有助于贯彻教学公平理念，更好地发挥职业教育让更多“普通”孩子成长成才的作用。差异化教学可以关注那些学习困难、基础薄弱的学生，为他们提供更多的帮助和支持，使他们也能在学习中取得进步，实现教育公平。每个学生都有自己的潜力和特长，差异化教学可以发现并挖掘学生的潜力，为他们提供展示自己的平台，让每个学生都能在教育中有所收获。

## 第三节　高职院校差异化教学质量评价

从20世纪90年代开始，差异化教学成为备受教育界关注的一种教学理念，它是指在班级集体教学中，立足于学生个性的差异，满足学生个别学习的需要，以促进每个学生在原有基础上得到充分自由和独特发展为目的的一种教学方式。差异化教学突出强调“发展差异”与“学生对教学的满意度”，课堂上鼓励教师根据学生对教学的满意程度及个体差异特点采取不同的教学手段和教学措施，让学生自主、充分、个性化地发展。自2006年12月26日“学生的不同学习需要和差异教学策略研究”成为全国教育科学“十一五”规划重点课题后，全国各地在中央教育科学研究所华国栋的带领下，相继展开了对差异化教学的研究。研究的重点主要集中在：① 差异化教学理念的倡导，内容包括差异化教学提出的时代背景、教育形势和各种教学问题分析等；② 差异化教学的研究理论基础、含义界定、教学模式的探讨；③ 教学和实施方法的介绍。就差异化教学模式方面的研究而言，主要集中在以教师为研究主体，且国内大部分研究落脚点都仅集中在学生学业成绩差异化评价上，缺少从学生满意度的视角探究差异化教学的效果，定性研究多而定量研究少。因此，本节从学生作为接受教学服务的顾客角度出发，以个性与共性辩证统一的哲学思想、顾客满意度理论及多元智能理论等为研究基础，探寻基于学生满意度的高职院校差异化教学理论框架，构建基于高职学生满意度的高职院校差异化教学评价模型，并采用问卷调查的方式开展样本统计分析，检验研究假设，调查高职学生教学满意度的影响因素，并最终有针对性地提出差异化教学对策。

### 一、高职院校差异化教学评价指标体系的构建

钱敏、叶文振（2007）以福建金融职业技术学院1~3年级在校学生为研究对象，从学生满意度进行高职院校差异化教学研究。研究结果表明学生对教学的满意度与学生的某些人口学特征存在显性相关。如男生和党员（预备）对学校专业知识教学质量的满意度要显著低于女生和非党员（预备），生源为文科、理科、单招、五年制专科的学生对职

业能力训练课程的满意度依次下降，学生年级与综合素质教学质量满意度呈显著负相关，家庭月收入在1000元以下的学生对此项的满意度要低于其他学生等。心理学研究表明，人才的成长不仅与智力发展水平的高低有关，而且与非智力因素的人格因素有很高的相关性。雷蒙德·卡特尔（Raymond Bernard Cattell）认为，人才成就的75%取决于人格。美国斯坦福大学著名心理学家刘易斯·麦迪逊·推孟（Lewis Madison Terman）等人对1500名超常学生进行了长达50年的追踪研究，他们通过对其中最成功和最不成功的各150名进行了详细的分析比较，发现两者之间在智力程度上并没有多大的不同，而“人格因素是取得成果的极重要的决定性因素”。罗标、陈维（2001）选取武汉科技大学冶金工程专业、建筑工程专业、工业自动化专业、临床医学专业97级12个本科班，共计476名学生作为实验群体和调查样本，对学业成绩优秀组大学生和学业成绩不佳组大学生人格特征进行测试和分析，揭示学业成绩与人格特征之间的联系。①

基于相关研究成果，从教材选用、教学态度、教学内容、教学方法、教学效果、学业评价、师资队伍等方面，设计基于差异化教学的高职学生教学满意度评价指标体系，如表4-1所示。

**表4-1　基于差异化教学的高职学生满意度评价指标体系**

| 一级指标 | 二级指标 |
|---|---|
| 教材选用 | 教材的难易程度、教材的实用性 |
| 教学态度 | 教书育人理念、治学严谨程度、遵时守纪、态度认真负责 |
| 教学内容 | 备课充分与熟悉教学内容水平、讲述条理清晰、表达流畅 |
| 教学方法 | 教学方法得当、手段灵活、联系实际、因材施教 |
| 教学效果 | 夯实基础、培育能力、启发思维、激励创新 |
| 学业评价 | 单一试卷考核、部分专业课以证代考、增加实习单位评分、增设个人学习态度分值 |
| 师资队伍 | 教师的学术水平、知识结构、敬业精神 |

为分析高职学生差异化教学满意度影响因素，从被访者的人口学特征、人格特征两个角度设计影响因子。其中，学生的人格特征采用美国伊利诺伊州立大学人格及能力测试研究所卡特尔教授编制的16种人格因素量表。这个人格因素量表是目前世界上公认的有效且可靠的人格测量工具。它在对中国大学生的人格测量中具有较高的信度和效度。而人口学特征包括性别、生源地、受教育水平、学科背景等。

① 罗标，陈维. 大学生学业成绩与人格特征的相关性研究［J］. 武汉科技大学学报（社会科学版），2001（1）：77-79.

## 二、研究设计

采用问卷调查法，以湖南理工职业技术学院在校学生为研究样本，对被访者的人口学特征、人格特征开展差异化教学感知问卷调查。

### （一）问卷设计

依据高职学生差异化教学满意度评价指标体系，设计高职学生差异化教学满意度影响调查问卷。问卷分为两部分：第一部分是高职学生对有关课程教学过程及师资队伍满意度的问项，包括教材选用、教学态度、教学方法、教学内容等 7 个大项、17 个小项；第二部分是有关被访者的个人信息，包括社会人口特征水平、学习环境等 6 个大项、10 个小项，共计 27 个问项内容。共发放问卷 300 份，回收 287 份，其中有效问卷 268 份，通过 SPSS 11.5 统计软件，采用描述性统计分析、因子分析、相关分析方法对数据进行分析整理。被访者特征统计见表 4-2。

**表 4-2　被调查学生特征统计表**

| 学生个人特征 | | 比重/% | 学生个人特征 | | 比重/% | 学生个人特征 | | 比重/% |
|---|---|---|---|---|---|---|---|---|
| 性别 | 男 | 62.3 | 所在年级 | 大一 | 78.7 | 个性 | 乐群性 | 29.5 |
| | 女 | 37.7 | | 大二 | 19.1 | | 聪慧性 | 12.7 |
| 您来自的地方 | 省内农村 | 66.5 | | 大三 | 2.2 | | 稳定性 | 16.0 |
| | 省内城市 | 25.7 | 班级人数 | ≤40 | 37.3 | | 恃强性 | 3.4 |
| | 省外农村 | 6.3 | | 41—60 | 59.7 | | 兴奋性 | 11.2 |
| | 省外城市 | 1.5 | | ≥61 | 3.0 | | 有恒性 | 4.9 |
| 毕业学校 | 重点高中 | 66.5 | 政治面貌 | 中国共青团员 | 90.7 | | 敢为性 | 4.1 |
| | 普高 | 25.7 | | 中共预备党员 | 6.3 | | 敏感性 | 3.4 |
| | 职高、中专、技校 | 6.3 | | 其他 | 3.0 | | 怀疑性 | 0.4 |
| | 初中 | 1.5 | 个人求知的欲望 | 非常强烈 | 24.3 | | 幻想性 | 6.7 |
| 您入校的高考成绩 | ≤200 | 2.2 | | 强烈 | 55.2 | | 忧虑性 | 1.1 |
| | 201—300 | 24.7 | | 不是很强烈 | 17.9 | | 实验性 | 0.7 |
| | 301—400 | 59.7 | | 不强烈 | 2.6 | | 独立性 | 2.6 |
| | ≥401 | 13.4 | 专业类型 | 理工科 | 88.8 | | 自律性 | 2.6 |
| | | | | 文科 | 11.2 | | 紧张性 | 0.7 |

从表 4-2 的统计结果来看，被调查者中男性多于女性，是由于调查样本选择的是理工类院校，88.8%的学生为理工科专业；从生源来看，大部分学生来自省内农村，且 66.5%来自重点高中，超过半数高考分数在 301~400 分之间；被调查者以大一新生居多，占比达到 78.7%，班级人数在 41~60 人居多，班制较大，有超 80%的学生表现出强烈或非常强烈的求知欲；个性以乐群、聪慧、稳定类型居多，分别占比 29.5%、12.7%与 16.0%。

### （二）信度效度检验

量表的价值取决于其信度和效度。信度是用于测验结果的一致性、稳定性及可靠性，估计测量误差对整体测验的影响。本节采用针对 Likert 量表开发的 Cronbach's $\alpha$ 系数来测试量表的信度，在实际应用中，一般要求 Cronbach's $\alpha$ 的值至少要大于 0.70。教材选用、教学态度、教学内容、教学方法、教学效果、学业评价、师资队伍等 7 个构念的 Cronbach's $\alpha$ 值分别为 0.780、0.802、0.831、0.741、0.767、0.830 与 0.821，都在 0.70 以上，表明实践教学满意度各测评问项间具有很好的内部一致性，如表 4-3 所示。

**表 4-3　高职学生差异化教学满意度均值**

| 一级指标 | 二级指标 | Cronbach's $\alpha$ |
|---|---|---|
| 教材选用 | 教材难易程度<br>教材的实用性 | 0.780 |
| 教学态度 | 教书育人理念，治学严谨程度<br>遵时守纪，态度认真负责 | 0.802 |
| 教学方法 | 备课充分与熟悉教学内容水平<br>讲述条理清晰，表达流畅 | 0.831 |
| 教学内容 | 教学方法得当，手段灵活<br>联系实际，因材施教 | 0.741 |
| 教学效果 | 夯实基础，培养能力<br>启发思维，激励创新 | 0.767 |
| 学业评价 | 单一试卷考核方式<br>部分专业课以证代考<br>增加实习单位评分<br>增设个人学习态度分值 | 0.830 |
| 师资队伍 | 教师的学术水平<br>教师的知识结构<br>教师的敬业精神 | 0.821 |

## 三、调查结果与分析

### （一）描述性统计分析

对于问卷中实践教学满意度测评问项采用的是 Likert 5 级量表，从 1~5 分别表示完全不同意到完全同意。为了更为直观地表示满意度，把 5 分制的数据转化为高校常用的百分制，规则是将 Likert 5 级量表数据除以 5 再乘以 100 得百分制后均值，24 个评价指标满意度均值与标准差统计结果如表 4-4。

表 4-4 高职院校差异化教学满意度均值与标准差

| 一级指标 | 二级指标 | 平均值 | 百分制后均值 | 标准差 |
|---|---|---|---|---|
| 教材选用 | 教材难易程度 | 3.00 | 60.00 | 0.741 |
| | 教材的实用性 | 3.00 | 60.00 | 0.929 |
| 教学态度 | 教书育人理念，治学严谨程度 | 3.34 | 66.80 | 0.955 |
| | 遵时守纪，态度认真负责 | 3.35 | 66.99 | 1.036 |
| 教学方法 | 备课充分与熟悉教学内容水平 | 3.39 | 67.77 | 0.866 |
| | 讲述条理清晰，表达流畅 | 3.34 | 66.80 | 0.913 |
| 教学内容 | 教学方法得当，手段灵活 | 3.26 | 65.24 | 0.874 |
| | 联系实际，因材施教 | 3.17 | 63.50 | 0.760 |
| 教学效果 | 夯实基础，培养能力 | 3.26 | 65.24 | 0.779 |
| | 启发思维，激励创新 | 3.17 | 63.30 | 0.876 |
| 学业评价 | 单一试卷考核方式 | 3.21 | 64.27 | 1.026 |
| | 部分专业课以证代考 | 3.36 | 67.18 | 0.969 |
| | 增加实习单位评分 | 3.33 | 66.60 | 0.984 |
| | 增设个人学习态度分值 | 3.51 | 70.29 | 0.839 |
| 师资队伍 | 教师的学术水平 | 3.53 | 70.68 | 0.872 |
| | 教师的知识结构 | 3.64 | 72.82 | 0.765 |
| | 教师的敬业精神 | 3.72 | 74.37 | 0.890 |

从表 4-4 可以看出，学生对高职院校差异化教学满意度水平总体较低，7 个一级评价指标均值均未超过 4 分，百分制后的均值在 60~70 分之间，满意度感知为“一般”。其中，对教材选用的满意度水平包括“教材难易程度”“教材的实用性”评分最低，平均值为 3 分，百分制后的均值为 60 分，刚好及格。而对师资队伍的评价包括“教师的学术水平”“教师的知识结构”“教师的敬业精神”打分最高，百分制后的均值均在 70

分以上，其中“教师的敬业精神”评分最高，分值为74.37分，但仍未达到良好（80分）水平。

### （二）因子分析

为有效找出教学满意度影响因子与教学影响项目的关系，通过因子分析，将17项教学影响项目进行浓缩（KMO值=0.944），表明数据非常适合作因子分析，将原有的17个指标精炼成4个公共因子，如表4-5所示。结果显示，4类公共因子的累积方差贡献率为71.21%，即4个公共因子共解释了71.21%的差异性；17个指标的信度系数 $\alpha$ 值=0.8077>0.7，表明量表的信度可靠。

**表4-5　主成分因子分析（Vlid $N$=268）**

| 变量 | 教学影响项目 | 因子 $f1$ | 因子 $f2$ | 因子 $f3$ | 因子 $f4$ | 均值 | 标准差 |
|---|---|---|---|---|---|---|---|
| $X_1$ | 教材难易程度 | 0.092 | 0.138 | 0.184 | **0.815** | 3.08 | 0.822 |
| $X_2$ | 教材的实用性 | 0.282 | 0.118 | 0.145 | **0.784** | 3.01 | 0.870 |
| $X_3$ | 教书育人理念，治学严谨程度 | **0.517** | 0.231 | 0.362 | 0.396 | 3.28 | 0.925 |
| $X_4$ | 遵时守纪，态度认真负责方面 | **0.451** | 0.379 | 0.328 | 0.387 | 3.33 | 1.008 |
| $X_5$ | 备课充分与熟悉教学内容水平 | **0.593** | 0.334 | 0.245 | 0.363 | 3.37 | 0.948 |
| $X_6$ | 讲述条理清晰，表达流畅方面 | **0.631** | 0.376 | 0.215 | 0.328 | 3.34 | 0.948 |
| $X_7$ | 教学方法得当，手段灵活 | **0.756** | 0.288 | 0.188 | 0.160 | 3.24 | 0.943 |
| $X_8$ | 联系实际，因材施教 | **0.754** | 0.240 | 0.169 | 0.253 | 3.17 | 0.877 |
| $X_9$ | 夯实基础，培养能力 | **0.726** | 0.155 | 0.387 | 0.121 | 3.27 | 0.937 |
| $X_{10}$ | 启发思维，激励创新 | **0.721** | 0.320 | 0.301 | 0.015 | 3.10 | 0.974 |
| $X_{11}$ | 单一试卷考核方式 | 0.427 | 0.211 | **0.686** | 0.118 | 3.20 | 0.980 |
| $X_{12}$ | 部分专业课以主代考方式 | 0.240 | 0.243 | **0.759** | 0.201 | 3.44 | 0.956 |
| $X_{13}$ | 增加实习单位评分部分 | 0.256 | 0.278 | **0.784** | 0.197 | 3.38 | 0.966 |
| $X_{14}$ | 增设个人学习态度分值部分 | 0.199 | 0.424 | **0.512** | 0.257 | 3.45 | 0.896 |
| $X_{15}$ | 教师的学术水平 | 0.364 | **0.792** | 0.278 | 0.142 | 3.41 | 0.949 |
| $X_{16}$ | 教师的知识结构 | 0.315 | **0.751** | 0.319 | 0.166 | 3.46 | 0.949 |
| $X_{17}$ | 教师的敬业精神 | 0.314 | **0.782** | 0.237 | 0.149 | 3.60 | 1.028 |
| 特征值 | | 4.171 | 2.913 | 2.863 | 2.158 | | |
| 方差贡献率（%） | | 24.538 | 17.135 | 16.842 | 12.695 | | |
| 累积方差贡献率（%） | | 24.538 | 41.673 | 58.515 | 71.210 | | |
| Label | | 课堂教学过程 | 教师素质 | 学业评价方式 | 学习工具 | | |

**注：**问卷总信度系数 $\alpha$=0.8077，KMO统计量=0.944，表中加粗的数据为表中单个指标负载值的最大值。

从表 4-5 中可以看出，第一个公共因子$f_1$对项目$X_3 \sim X_{10}$的影响最大，可以解释为课堂教学过程；第二个因子$f_3$对项目$X_{15} \sim X_{17}$影响最大，可以解释为教师素质；第三个因子$f_2$对项目$X_{11} \sim X_{14}$影响最大，可以解释为学业评价方式；第四个因子$f_4$对项目$X_1 \sim X_2$影响最大，可以解释为学习工具。$f_1 \sim f_4$ 4 个公共因子的均值依次为 3. 2625、3. 3675、3. 49、3. 045，评分处于较满意状态，评分相对较低的学习工具，认为教材难易度与实用性有所欠缺。

### （三）相关分析

为了分析不同特征学生对教学感知的差异度，剖析影响学生对教学满意度的相关因素，采用简单相关分析、方差分析与双样本 $t$ 检验对样本数据进行分析，如表 4-6 所示。

表 4-6 统计结果表明，在高职教育中，学生教学满意度与态度的六类因素在影响作用上普遍存在负相关。

#### 1. 课堂教学过程

对于因子$f_1$（课堂教学过程）的 8 个影响项目（$X_3 \sim X_{10}$），入校成绩与专业类型成为最大相关因素。具体而言：学生入校成绩与评分项$X_3$、$X_4$、$X_6$、$X_7$呈显著负相关，即入校成绩越高，对教师教学过程中的教学态度、讲述条理性与教学方法的满意度越低；文科学生较理工科学生对教学水平、讲述条理性、夯实基础、培养能力等方面的要求更高；另外，在备课充分性与讲述条理、表达流畅性方面，女性较男性要求更高；同时，求知欲较低的学生对教师的教学态度要求更高。

#### 2. 教师素质

在因子$f_2$（教师素质）各影响项目$X_{15} \sim X_{17}$中，值得注意的是：班级人数与教师的知识结构和敬业精神呈显著正相关。这表明，班级的人数越多，学生对教师素质的满意度越高；学生的毕业学校与教师的敬业精神呈显著负相关，这意味着来自重点高中的学生对教师的敬业要求更高。

#### 3. 学业评价方式

在因子$f_3$（学业评价方式）各影响项目$X_{11} \sim X_{14}$中，学生的求知欲越强，对考核方式的满意度越高；入校成绩、学生所在年级与部分专业课以证代考方式呈显著负相关，即入校成绩分数越高、年级越高，对学校以证代考方式的满意度越低；党员较非党员对单一试卷考核的反对更强烈；理工科学生较文科学生对学校实行以证代考、在评价学业成绩时增加单位评分的满意度更低。

**表 4-6　教学满意度变量与学生的人口学特征的相关性**

| 项目 | | 性别 | 生源地 | 毕业学校 | 入校成绩 | 所在年级 | 班级人数 | 政治面貌 | 专业类型 | 个性 | 求知欲望 |
|---|---|---|---|---|---|---|---|---|---|---|---|
| 因子 $f_1$ | $X_1$教材难易程度 | -0.097 | -0.077 | 0.126* | **-0.154*** | -0.059 | 0.047 | -0.003 | -0.049 | -0.050 | -0.105 |
| | $X_2$教材的实用性 | -0.095 | -0.024 | 0.055 | **-0.204**** | -0.031 | **0.175**** | -0.072 | -0.042 | -0.105 | -0.077 |
| 因子 $f_2$ | $X_3$教书育人理念，治学严谨程度 | -0.097 | -0.069 | -0.006 | **-0.152*** | 0.044 | 0.023 | -0.005 | -0.119 | -0.034 | -0.096 |
| | $X_4$遵时守纪，态度认真负责方面 | -0.050 | -0.061 | 0.032 | **-0.134*** | 0.016 | 0.011 | -0.037 | -0.115 | -0.036 | **-0.123*** |
| | $X_5$备课充分与熟悉教学内容水平 | **-0.130*** | -0.041 | 0.011 | -0.116 | -0.050 | 0.079 | 0.014 | **-0.135*** | 0.049 | -0.048 |
| | $X_6$讲述条理清晰，表达流畅方面 | **-0.138*** | -0.044 | -0.022 | **-0.147*** | -0.068 | 0.088 | -0.027 | **-0.136*** | -0.011 | -0.103 |
| | $X_7$教学方法得当，手段灵活 | -0.045 | -0.075 | 0.024 | **-0.130*** | -0.036 | 0.047 | -0.007 | -0.114 | -0.039 | -0.012 |
| | $X_8$联系实际，因材施教 | -0.105 | -0.058 | 0.027 | -0.108 | -0.032 | 0.099 | -0.053 | -0.106 | 0.018 | -0.085 |
| | $X_9$夯实基础，培养能力 | -0.083 | **-0.123*** | -0.023 | 0.020 | -0.041 | 0.080 | -0.079 | **-0.185**** | 0.084 | -0.045 |
| | $X_{10}$启发思维，激励创新 | -0.014 | -0.086 | -0.011 | -0.034 | 0.048 | **0.143*** | -0.090 | -0.116 | -0.011 | -0.110 |
| 因子 $f_3$ | $X_{11}$单一试卷考核方式 | 0.032 | -0.060 | 0.012 | -0.118 | -0.044 | 0.094 | **-0.207**** | -0.105 | 0.026 | **-0.165**** |
| | $X_{12}$部分专业课以主代考方式 | -0.055 | -0.035 | -0.012 | **-0.189**** | **-0.173**** | **0.138*** | -0.086 | **-0.151*** | -0.040 | **-0.160**** |
| | $X_{13}$增加实习单位评分部分 | -0.027 | -0.050 | -0.062 | -0.104 | -0.065 | 0.036 | -0.088 | **-0.138*** | 0.043 | **-0.159**** |
| | $X_{14}$增设个人学习态度分值部分 | 0.015 | -0.071 | -0.024 | -0.070 | 0.060 | 0.025 | -0.033 | -0.036 | -0.031 | -0.113 |
| 因子 $f_4$ | $X_{15}$教师的学术水平 | -0.033 | -0.051 | -0.058 | -0.064 | 0.036 | **0.143*** | -0.111 | -0.067 | -0.067 | 0.039 |
| | $X_{16}$教师的知识结构 | -0.047 | -0.053 | 0.013 | -0.033 | -0.001 | **0.233**** | -0.106 | -0.111 | -0.015 | 0.008 |
| | $X_{17}$教师的敬业精神 | -0.088 | -0.081 | **-0.128*** | -0.021 | -0.053 | 0.063 | -0.142* | -0.117 | -0.016 | -0.001 |

注：*：Correlation is significantatthe 0.05 level（2-tailed）．**：Correlation is significantat the 0.01 level（2-tailed）.

4. 学习工具

在因子$f_4$（学习工具）各影响项目$X_1 \sim X_2$中，学生入学成绩与学习教材呈显著负相关，即入校成绩越高，对学校使用的教材的满意度越低；同时，重点高中毕业的学生较非重点高中毕业的学生对教材的满意度低。

在表4-6中，没有体现出学生个性与影响因素之间的显著相关性，可能是由于人的个性很难衡量，且学生往往存在多重个性。因此，个性这一因素在问卷设计中存在一定的缺陷，还需要改进，以探寻用更好的方式解释个性与影响项目之间的相关性问题。

## 四、结论和建议

研究结果表明，学生的人口学特征、学习环境等因素在不同程度上都会影响他们对学校教学的满意度水平。具体而言：在人口学特征方面，在备课充分性和讲述条理、表达流畅性方面，女性学生较男性学生要求更高，党员学生较非党员学生对单一试卷考核的反对更强烈；对于不同知识水平的学生，入校成绩与教学态度、教学条理性及教学方法的满意度呈负相关，学生的毕业学校与教师的敬业精神、对教材的满意度呈显著负相关；在学习环境方面，班级人数与教师的知识结构和敬业精神呈显著正相关；在学科背景方面，文科学生较理工科学生对教师的教学水平、讲述条理性、夯实基础、培养能力等方面的要求更高，对学院实行以证代考、在评价学业成绩时增加单位评分的满意度也更高；在个人求知欲方面，与考核方式呈正相关，且求知欲较低的学生对教师的教学态度要求更高；在个性特征方面，并没有体现出与影响因素之间的显著相关性。

因此，对高校教学管理部门及教学一线的教师而言，一方面，应关注差异、重视差异，提前掌握学生个人信息，做好实施差异化教学的基础工作；另一方面，应采取灵活多变的课堂教学模式。首先，就专业背景而言，文科专业的教师应更加注意教学语言的条理性、教学方法的多样性，同时在教学过程中，要经常告知学生应掌握的能力及已经掌握的能力。其次，针对入校成绩的差异，对于高分学生，教师在课堂上可提出难度较大、理解性较强的问题。再次，对女生较多的班级，教师备课要做到更加充分，语言更加流畅。最后，对于学习基础较差、上课注意力不够集中的学生，教师要耐心讲解，并利用课间与其多交流、沟通，增加该类学生群体的学习动力与信心。同时，要构建科学的、多元化的评价体系，可以借鉴发达国家高职教育的一些较为成熟的学业评价方法，如美国的多维度、多元化的考试评价方法，以课业为主要考核形式的英国BTEC（Business & Technology Education Council）教学模式的评价方法，等等。

# 第五章　以学生满意度为驱动的应用型本科院校教学质量评价

应用型本科教育的教学体系应注重学生实践能力的培养，突出体现“应用性”，本章将从应用型本科院校学生满意度视角，以会计学专业学生为例，开展以学生为中心的应用型本科院校理论与实践教学的满意度评价研究，分析影响应用型本科院校理论与实践教学满意度的主要因素。

## 第一节　应用型本科院校教学评价的总体框架

应用型本科教育是以培养应用技术型人才为办学定位的本科教育，区别于传统知识本位的学术型人才培养，应用型人才培养具有鲜明的职业导向和能力本位取向。对于应用型本科院校而言，实践创新能力是应用型人才的主要特征。应用型本科教育强调实践教学，注重培养学生的创新能力与技术应用能力，旨在为生产、建设、管理、服务等第一线岗位输送高新技术应用型人才。应用型本科院校的发展目标和定位紧密围绕应用型创新人才的培养，既要大力培育自身特色，提升整体办学实力和核心竞争力，又要从实际出发，围绕社会需要，培养应用型创新人才。目前，我国应用型本科院校超600所，每年毕业生超300万人。因此，围绕应用型本科院校的办学定位、办学特色开展教学质量评价具有重要的理论与实践价值。

应用型本科院校教学质量评价的框架体系通常包括以下几个方面。

**（一）教学目标与定位**

可以从学校、专业、课程三个层次明确教学目标与定位。明确学校在高等教育体系中的定位，是否以培养适应国家经济社会发展的应用型人才为主要目标。各专业的培养目标是否明确，是否与当前社会需求和行业发展相适应。每门课程的教学目标是否清晰，是否与专业培养目标相衔接，是否可有效完整地支撑专业培养目标。

### （二）教学资源

教学资源主要包括师资队伍、教学设施、课程资源等三个方面。师资队伍主要指教师的数量、结构、素质是否满足教学需求，包括教师的学历、职称、教学经验、实践能力等。教学设施主要指学校的教学设施是否完备，包括教室、实验室、图书馆、实习基地及相应的信息化软件等。课程资源主要指教材、课件、网络资源等是否丰富，是否能满足教学需求。

### （三）教学过程

教学过程主要包括教学管理、教学计划、教学方法、教学内容与实践教学五个方面。教学管理主要指学校是否建立了完善的教学管理制度，包括教学计划管理、教学运行管理、教学质量管理等；是否同步建立了有效的教学质量监控体系，包括教学督导、学生评教、教师评学等；是否积极推进教学改革与创新，不断提高教学质量。教学计划主要指教学计划是否合理，课程设置是否科学，教学进度是否适中。教学方法主要指教师采用的教学方法是否多样化，是否能够激发学生的学习兴趣和积极性。教学内容主要指教授的内容是否与时俱进，是否符合应用型人才培养的要求。实践教学主要指实践教学环节是否得到重视，是否能够提高学生的实践能力和创新能力。

### （四）教学效果

教学效果主要包括学生学习效果、毕业生质量以及社会评价等三个方面。学生学习效果主要通过考试成绩、作业完成情况、实践能力等方面来评价。毕业生质量主要通过毕业生的毕业率、学位获取率、就业率、就业质量、职业发展等方面来评价。社会评价主要通过用人单位、社会各界对学校的评价来反映学校的教学质量。

以上是应用型本科院校教学质量评价的框架体系，不同的学校可以根据自身的实际情况进行适当的调整和完善。

## 第二节　应用型本科院校课堂教学质量评价

在应用型本科院校中，会计学专业因专业性强、市场需求大，深受文科学生青睐。伴随着高校扩招，过去 20 年，会计学专业毕业生人数不断攀升。然而，学校的教学能力与日益扩大的学生规模是否匹配？教学效果如何？相关学者就此问题展开了大量的研究。

在课程设置方面：王琦（2014）、任明（2014）、邓孙棠（2013）等人认为，会计学专业的课程设置常与培养目标相偏离，专业核心课程的课时并不充足[①]；专业课程设置内容重复[②]，重财务会计学轻管理会计学[③]。在实习实践方面：崔澜、刘东辉、李冬辉等（2015）指出校内实训存在实训教材与配套教学的系统性不强、实训教学资源整体优化不足、忽视会计工作程序与规范，使得会计实训教育片面追求“大而全”。[④] 曹中红、魏朱宝、王书珍（2013）也提出校外实践活动随意性强，实践活动没有明确目标，实践教学内容不确定，缺乏有效指导和监管。[⑤] 在师资方面：金雪燕（2015）认为，“重理论研究、轻实践教学”“重科研立项、轻课堂教学”等问题导致“东拼西凑搞科研，敷衍塞责站课堂”。[⑥] 初国清（2013）认为，不少教师都是一毕业就进入学校任教，致使实践教学成为高校人才培养中的一个薄弱环节，很难保证教学效果。[⑦] 在成绩评定方面：金雪燕（2015）认为我国的课程考核方式较为单一，一般以期末考试为主、平时成绩为辅的形式，且期末考试偏向于记忆类知识点的考核。[⑧] 为提高应用型本科院校会计学专业课堂教学效果，本节将通过探析影响会计学专业课堂教学效果的主要原因，提出可行性的对策与建议。

## 一、测度指标体系的建立

根据顾客满意度理论，在对湖南工程学院会计学专业的学生进行教学效果满意度测评并对相关研究成果进行梳理的基础上，结合观察和体会，建立基于学生满意度的应用型本科院校会计学专业教学效果影响因素评价模型，如图 5-1 所示。

教学效果受课程设置、实践实习、师资水平以及考核方式等因素影响，且教学效果的优劣主要体现在理论知识掌握水平上下、实操能力高低、就业竞争力强弱等方面。

---

① 王琦. 基于职业教育理念，调整应用型本科院校会计专业课程设置的研究［J］，中国乡镇企业会计，2014（8）：221-222.

② 任明. 应用型本科会计专业课程设置探讨［J］. 中小企业管理与科技（下旬刊），2014（6）：255-256.

③ 邓孙棠. 应用型会计本科课程体系探讨［J］. 财会通讯，2013（1）：40-42.

④ 崔澜，刘东辉，李冬辉，等. 应用型本科院校会计专业实践教学存在的问题及改革策略［J］. 教育教学论坛，2015（14）：145-146.

⑤ 曹中红，魏朱宝，王书珍.“跑偏”与“纠偏”：应用型会计本科实践教学改革［J］. 中国大学教学，2013（5）：89-91.

⑥ 金雪燕. 中高职衔接下会计教育的分层次教学模式研究［D］. 北京：首都经济贸易大学，2015.

⑦ 初国清. 应用型本科会计实践教学存在的问题及建议［J］. 牡丹江大学学报，2013，22（5）：149-151.

⑧ 金雪燕. 中高职衔接下会计教育的分层次教学模式研究［D］. 北京：首都经济贸易大学，2015.

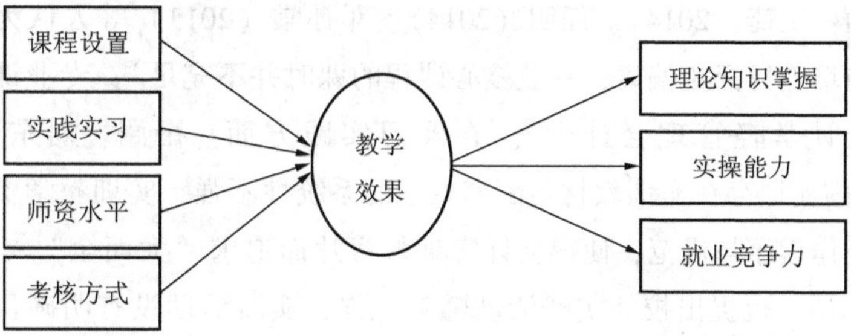


图 5-1　基于学生满意度的应用型本科院校会计学专业教学效果影响因素评价模型

## 二、问卷设计与数据统计分析

依据构建的基于学生满意度的应用型本科院校会计学专业教学效果影响因素评价模型，设计调查问卷，问卷内容涉及：有关被访者的个人信息 2 项；学生对于教学效果所体现的方面以及教学效果主要影响因素的认知 2 项；学生对会计学专业教学效果及其影响因素，包括课程设置、实践实习、师资水平、考核方式的满意度问题 5 项；学生的建议，包括改进课程设置、实践实习、师资水平、考核方式等四个方面的问题 5 项，共 14 个项目。

通过问卷星软件和纸质问卷采集样本，在湖南工程学院本部会计学专业每个年级分别发出 30 份问卷，共 120 份，实收 112 份，有效问卷 112 份。其中男生 29 份，女生 83 份，占比约为 25.89%和 74.11%；被调查对象中大一、大二、大三、大四学生占比约为 25.00%、24.11%、26.78%与 24.11%。

被调查者对学校会计学专业教学效果、课程设置、实践实习、师资水平、考核方式等方面的满意度水平统计结果如表 5-1 所示。

**表 5-1　应用型本科院校学生对会计学专业教学总体满意度水平（单位：%）**

| 测评项目 | 很满意 | 较满意 | 满意 | 不满意 | 很不满意 |
|---|---|---|---|---|---|
| 教学效果 | 5.36 | 36.61 | 28.57 | 27.67 | 1.79 |
| 课程设置 | 5.36 | 36.61 | 27.67 | 28.57 | 1.79 |
| 实践实习 | 9.82 | 29.46 | 26.79 | 33.04 | 0.89 |
| 师资水平 | 9.82 | 32.14 | 45.54 | 11.61 | 0.89 |
| 考核方式 | 5.36 | 31.25 | 37.50 | 16.07 | 9.82 |

从表 5-1 中可以看出，在教学效果和课程设置方面，较满意程度的占比约为 36.61%，满意程度的占比分别约为 28.57%和 27.67%。总体来说，学生对教学效果和课

程设置这 2 个维度是比较满意的。不满意程度的占比分别约为 27. 67%和 28. 57%，说明其中还有部分同学认为教学效果不佳，并且目前在课程设置方面存在一些问题。其次，在实践实习方面，不满意程度的占比约为 33. 04%，达到该维度中的最高比例，显然学生对于这一维度所存在的意见较大，期望也较大。最后，在师资水平和考核方式方面，较满意程度的占比分别约为 32. 14%和 31. 25%，满意程度的占比分别约为 45. 54%和 37. 50%，因此总体来说，学生对这 2 个维度也是比较满意的。

通过调查发现，学生认为教学效果好不好，主要看实操能力，说明学生对实践实习这一维度的重视程度非常高。另外，还有部分同学认为，对于理论知识的掌握和就业竞争力也比较重要，并从课程设置、实践实习、师资水平、考核方式等方面提出相应的改进意见。

在课程设置方面，学生对增加实践课、设置实用性课程的呼声比较高，这也再一次反映了学生对于实践实习维度，即实操能力的高度重视。在被调查者中，反映需要优化专业课实践安排的人数有 63 人，因此有较大一部分人认为，专业课的时间安排并不合理。通过对调查问卷的整理，这一建议主要反映在大三、大四的学生当中。由于大三、大四学生忙于规划未来，诸如求职、考证之类的安排常与学校的课程安排相冲突，对学生造成较大影响，不利于学生的就业。因此，学生对于这一问题的反馈较为强烈。

在实践实习方面，学生提出设置与工作接轨的实践实习课程的频率较高。此外，许多学生反映，实践操作与理论学习应相互协调，这样才能达到理想的教学效果。对于一些实操课程，学生反映需要增加实操的时间，较短的时间无法满足学生深入学习操作知识的需求。

在师资水平方面，学生认为教师需要提升理论联系实际的能力，这反映出在学生视角里，实践、实际工作等概念是非常重要的，因此需要对这一方面高度重视。其次，学生对于师生互动与知识延展的需求也比较高，希望在上课时能与教师有更多的交流，而不是纯粹的“你讲课，我听课”，从而提高上课的积极性和乐趣。同时，学生希望教师在上课时能多教授一些与所学知识相关的课外内容，以不断拓展知识面。

在考核方式方面，学生对于调整平时成绩、期末成绩占比分配的呼声最高。其次，目前教师布置作业可能过于形式化，教师与学生对于课后作业都不是非常重视，以至于课后作业缺乏有效性。最后，改进对教师的网上评教也是一个受到关注的问题。

## 三、应用型本科院校课堂教学存在的问题

通过对应用型本科院校会计学专业课堂教学满意度的调查，可以发现应用型本科院校课堂教学存在以下问题。

### （一）课程设置不合理

首先，课程内容缺乏有效性和针对性。一方面，应用型本科院校课程多而杂，其中公共课等在所设课程中占比超过 60%，而专业课则不足课程比重的 40%；另一方面，由于师生比超标、教室有限等问题，很多选修课由教研室老师进行统一选择，“选修”变成了“必修”，大大抑制了学生的学习兴趣与热情，学习效果必然不佳。其次，课程时间安排不合理。在课程安排上，大一、大二两年主要以公共课为主，大三开始大量设置专业课程。然而，大部分学生课堂学习最投入的阶段是在大一、大二，大三开始，学生陆续开始考虑实习、考证、升学、就业等，也就降低了对学校课程学习的重视。因为考研复习、面试、培训、考证等任务，大四学生时常出现缺课行为。教师缺乏有效的监督管理办法，严重影响了学生的学习兴趣与学习效果。

### （二）实训实习环节薄弱

以会计学专业为例，实践环节分校内实训和校外实习两部分。校内实训主要包括专业认知实训、专业课程实训、毕业综合实训等。通过调查发现，大部分高校的会计专业认知实训主要是到企业参观。但是，学生并没有参观与专业相关的会计工作内容与资料，企业的工作人员主要是向学生介绍企业文化和主要业务。期末的基础会计、财务会计等专业课程实训，实用性比较高，通过手工做账，学生熟悉了会计工作的各类凭证，较好地理解了平时在课本上所学的大部分理论内容，将理论与实践相结合。但是，对会计学其他方向的实训安排较少，如与实际工作接轨的出纳、成本会计专门业务的实训等。而毕业综合实训主要借助财务软件实现，这一实训环节在时间安排上往往先理论、后实操，这种安排对于没有计算机基础的学生来说，很难接受和理解具体的操作方法，致使部分学生因为理解不到位，在实际操作环节出现很多问题。同时，实操的次数有限，每次实操只能完成布置的业务内容，而细节上每一步分别是什么意思，在整个做账过程中有何作用、有何影响，往往不能细细琢磨。在校外实习环节，由于会计岗位的特殊性加之会计学专业学生众多，多数高校都是集中实习与分散实习相结合。校内的实习指导老师会联系一些单位，统一安排部分毕业生的会计实习岗位；部分毕业生由于资源的限制，其校外实习需要自己寻找单位，学生有更大的选择权，可以选择更有利于自己发展或自己最喜欢的地区和工作类型去进行实习，这在一定程度上有助于学生的就业和发展。但不可避免有极少部分学生因找不到单位，且没有和校内实习指导老师有效沟通，而出现实习作假的情况，让毕业实习形同虚设。

### （三）教师授课按部就班

部分教师在授课时，主要是对着书、PPT 按部就班地讲课，在知识扩展、理论联系实际、案例教学等方面存在不足。在目前的教学中，每一门课都配有相应的 PPT 课件，教师通常都会借助课件工具授课。大部分教师会把课件按照自己的讲课进度和授课内容进行相应的修改，注入自己的内容。但是，教师太过于依赖课件，按部就班地授课，会导致上课枯燥乏味。同时，课堂时间非常有限，教师会挑选最重要的课程内容进行详细讲述，而对课件中大部分内容的讲解则是一带而过。因此，知识的学习，主要还是靠学生自己在课后多看书，进行复习。再者，教师的教学大多停留在理论层面，使得有些比较深入的知识难以被理解，导致学生的学习效果不好，知识非常容易被遗忘。除此之外，甚至还出现过上课内容与教材内容脱节的情况。

### （四）学生考核方式缺乏有效性

对于学生的考核，主要是以课堂为主的平时成绩和以考试为主的期末成绩的综合。平时成绩由到课率、课后作业、课堂互动情况等决定，期末成绩主要以考试的方式来确定。在课后作业布置环节，有些教师为了应付学校的教学检查，作业布置缺乏及时性；同时，部分老师并不会批改上交的作业，很大程度上导致“作业”不被学生重视，抄袭、复制现象严重，大大削弱了作业对于巩固学习效果的作用。

## 四、提高应用型本科院校课堂教学效果的策略

基于在课程设置、实践实习、师资水平、考核方式等方面存在的问题，提出提高应用型本科院校课堂教学效果的措施。

### （一）优化课程设置与内容安排

课程设置属于人才培养方案的主要内容，应高度重视，根据企业与学生需求合理设置专业必修课和选修课，让学生根据兴趣来对课程进行选择性学习，把更多时间安排到专业课程的学习上。同时，要根据实际工作流程与工作内容合理设计实践教学方式与教学内容。通过走访发现，部分高校大四毕业生反映学校的实训对工作的帮助并不大，原因是学校的实训太过浅层，且太过模式化和理论化，与实际工作脱轨，导致毕业后无法很好地将自己所学的知识与工作相衔接。因此，应设置与工作接轨的、更有针对性的实践学习。

### （二）课堂讲授与实训实习有效配合

教师应根据课程的性质与具体内容，科学地组织教授方式。对于实操性较强的课程，应尽量安排在机房上课，让学生一边听老师讲授理论知识，一边及时进行实操，这对教学效果的提升有非常大的帮助。在无法提高硬件设施的情况下，可以采用在课件中插入操作过程小视频的方法来让学生了解软件操作的具体情况、细节，使学生的学习不只是

停留在理论层面，而是明白具体操作是如何实现的。另外，学校还应实现与企业的有效对接，让学生在学校中学习的时候，就能有更多实践的机会，及时地将理论知识运用于实践中，并且有更多的机会直接接触到企业实务，熟悉真实的工作内容，这对学生的就业能起到非常大的帮助。

**（三）提高教师自身水平与能力**

在传统的课堂上，教学模式通常是“老师讲，学生听”。因此，建议在上课时，教师多增加与学生的课堂互动，如课堂问答、课堂小游戏等，增强互动性，以提高学生学习的积极性，并对学生表现出充分的耐心。同时，教师可以在理论课讲解的基础上，多与学生分享企业中的工作内容和具体业务的操作情况，增强学生对实际工作的认知。再者，在课堂中可多增加些案例，将理论知识融入具体的案例中，强化学生对于知识的理解记忆和运用。

**（四）提高课后作业的有效性**

目前，在大多数高校中，课后作业成了形式化的存在。大部分作业只是为了应付教学检查而布置，并非依据学生的学习情况和进度有针对性地安排。由此可知，这样的课后作业对于巩固课堂知识所起到的作用是有限的。建议在相应的课程结束后，有针对性地布置课后作业。教师对于学生完成的课后作业要给予充分的反馈，包括在学生上交作业后要进行及时的批改，对学生所完成的作业中存在的问题，可以在课堂中给予反馈，如以小组讨论的形式展开论述。如此，学生会提高对课堂作业的重视，投入更多的精力去完成，这样才可以使课堂作业发挥其巩固学习的作用。

## 第三节　应用型本科院校实践教学质量评价

会计教育及其人才培养质量事关我国实施人才强国战略、建设创新型国家的大局。[①] 随着我国高等教育连续扩招，各个院校纷纷增设和扩大会计专业，会计专业毕业生的人数持续攀升。然而，当前会计专业毕业生的就业状况并不十分乐观，重要原因在于受传统教育模式的影响，我国高等教育存在着重知识灌输轻能力培养、重课堂讲授轻学生动手实际操作等问题，导致会计专业毕业生实践经验不足，动手能力差，无法及时有效地适应信息化和创新创业时代社会经济发展的需求。在此背景下，高校在进行人才培养的

① 会计行业中长期人才发展规划（2010—2020年）[J]. 会计研究，2010（10）：89-94.

过程中，要注重结合社会需求，培养“互联网+创新创业”导向下适应时代发展的专业人才。应用型本科院校实践教学也要适应互联网所带来的信息技术的新挑战，利用互联网变革传统实践教学，借助信息新工具提升学生的实践能力和创新能力，实现教学体系与模式的革新。① 科学完善的实践教学体系对实践教学的实施具有重要的指导意义。本节将以湖南工程学院会计学专业为例，从学生感知视角分析实践教学现状及存在的问题，并根据顾客满意度理论，提出应用型本科院校实践教学满意度结构模型，以湖南省 4 所应用型本科院校会计学专业学生为研究对象开展实证研究。

## 一、基于学生感知的会计实践教学满意度现状

为了解应用型本科院校会计实践教学体系建设运行情况，对教育部首批“卓越工程师教育培养计划”实施高校湖南工程学院会计学专业学生进行问卷调查，问卷内容涉及：① 被调查者的基本情况；② 学生对实践教学整体的感知；③ 学生对学校实践教学分项感知，包括课堂实训、校外实习基地实习、毕业实习、毕业论文四部分；④ 影响实践教学的感知因素；⑤ 实训实习的改进建议。本次调查采用网络问卷调查平台问卷星对湖南工程学院会计学专业在校学生与毕业生进行随机问卷调查，答卷数量 279 份，有效问卷 279 份。

### （一）被调查者基本情况

被调查者中男生 53 人，女生 226 人，分别约占 19%与 81%，符合该校会计学专业学生男生少、女生多的情况；从被调查者所在年级分布看，大一学生 24 人，大二学生 104 人，大三学生 53 人，大四学生 47 人，已毕业学生 51 人，分别约占 8. 60%、37. 28%、19. 00%、16. 84%与 18. 28%，样本分布在年级上也较为均衡。

### （二）会计实践教学整体感知

会计实践教学环节包括课堂实训、校外实习基地实习、毕业实习和毕业论文四个部分。通过调查发现，对专业所设置的实践教学环节，只有约 30. 82%的学生了解具体情况，而约 52. 69%的学生对其只是了解一些。从年级分布看，学生对实践教学环节设置情况选择“了解”选项的人数与其所在年级同向变化；而选择“了解一些”与“不了解”两个选项的人数与其所在年级反向变化。值得关注的是，大一新生对专业实践教学设置情况了解或是了解一些的分别约占 16. 66%与 41. 67%，还有约 41. 67%的同学对实践教学设置不甚了解。

---

① 刘艳，江冰，朱金秀，等. 基于“互联网+”的四维实践教学模式［J］. 实验室研究与探索，2016，35（12）：182-184+190.

### （三）会计实践教学环节感知

针对会计实践教学，分不同环节调查学生的感知情况，结果如下：① 在课堂实训与理论课程内容配套性调查中，有约96.77%的同学认为配套与基本配套，有约3.23%的同学认为不配套，认为不配套的同学主要分布在大二与大三的调查样本中。② 对于校外基地实习环节的调查，主要集中在大三及以上学生。被调查的151名同学中，只有67名同学参加了校外实习基地实习，并有58名同学认同通过校外实习基地的实践，极大帮助了课堂理论知识的运用，实习效果满意。有84名同学没有参加过校外实习基地实习，约占55.63%。③ 在对毕业实习环节的调查中，51名已毕业学生中有45名同学在毕业实习阶段从事的是与会计专业相关的实习岗位，并有49名同学认同毕业实习环节对自己后续的就业帮助非常大。④ 在对毕业论文写作环节的调查中，分别有约13.97%与62.37%的同学认为毕业论文写作对自己的后续就业帮助非常大或有所帮助，有约23.66%的同学对毕业论文写作能促进后续就业持否定态度。从已毕业学生对该问项的调查结果来看，认为毕业论文写作对后续的就业帮助非常大或有所帮助的分别约占19.61%、41.17%，有约39.22%的同学认为在校期间的毕业论文写作对自己后续的就业并未起太大作用。

综上，从学生感知视角对湖南工程学院会计实践教学的调查分析来看，目前应用型本科院校学生对实践教学的满意度不是很高。具体来说，包括理论与实践课教学内容匹配度不高；校外实习基地实习效果不佳，部分学生对校外实习基地实习缺乏较深刻的认识；毕业论文写作内容偏离相关工作实际，造成部分学生对毕业论文写作在后续就业的促进作用上持否定态度。

## 二、应用型本科院校会计实践教学存在的问题

### （一）缺乏良好的实践教学环境

调查结果显示，约71.88%的学生认为实践教学对提高实践动手能力有很大的作用，但也有相当一部分学生希望走出学校面向社会，进行真正意义上的实习。而目前很多高校会计实践教学都只是在学校内部组织，指导教师也仅由内部教师担任。这种实习模式虽在一定程度上巩固了学生的理论知识，提高了学生的专业水平，但学生学到的仍然是理论知识，没有提高实际处理业务的能力。应用型本科院校会计实践教学主要采取模拟教学的方式，包括简单的手工账和电算化会计，采取作业的形式，使得部分学生重视程度不够，仅仅当成是完成作业，没有真实感，实践教学印象不够深刻。由于教学环境多为课堂或计算机教室，很难使学生产生实践的兴趣。教师本身对模拟实践教学认识不够，

因而没有给实践教学活动提供一个良好的内外部环境。由此可见，单凭理论教学，仅有内部实习的会计实践教学模式已经不能适应社会经济发展的需要，也不利于会计学科的发展进步。

### （二）教师实践经验不足

在对教师指导水平满意度的调查中，有近一成的学生认为教师的指导不能满足他们的需求，无法达到满意的效果。在教学水平满意度调查中，有约 26.39%的学生认为教师缺乏实践经验。随着我国教育体制的改革和企业对会计毕业生要求的提高，学校把实践教学列入日常教学，但有实践经验的会计教师数量严重不足，不能满足学生对实践课程的需求，教学效果不理想。会计实践指导教师不仅应具备较高的理论知识水平，而且应具有丰富的实践经验。目前的会计专业教师，绝大部分是高校的毕业生，毕业后直接走向各类学校的教师岗位从事教学工作，角色转变的结果是理论知识有余、实践经验不足，虽然他们有较丰富的会计理论知识，但会计实践能力不足，个别教师的手工操作能力虽然很娴熟，但对计算机在会计领域的运用却知之甚少。实践教师队伍的现状，使会计专业的实践教学难以达到预期的效果。因此，如何提高教师的实践教学能力，是会计实践教学中必须重视的问题。

### （三）实践教学内容简单

由于学校缺乏良好的实践教学环境，单凭理论教学导致学生对理论知识的学习缺乏积极性，仅有约 4.51%的学生对理论教学非常感兴趣，因此理论知识的应用程度不高。即便有约 76.04%的学生认识到理论与实践相结合的重要意义，但因为实践教学内容简单，教学要求低，所以不能很好地将理论与实践相结合。在会计模拟实验教学中，常常是给学生一套企业的经济资料及原始凭证，要求学生在教师的指导下，对这些经济业务进行处理，完成“凭证—账簿—报表”的循环，整个过程缺少“审核、监督”这一重要环节，涉及的内容往往也只是一个企业某一月份的经济业务，包括供、产、销的核算，以及成本的计算，基本局限在会计核算上，只是培养了学生的账务处理能力，没有培养学生决策应变、分析问题、解决问题的财务分析能力。

### （四）实践基地建设经费投入不足

在调查中，83 人提出“建立稳定的校内外实习基地”，约占总人数的 29.75%。就业压力的日益凸显使得用人单位选择人才的机会增大，会计实践工作的技术性也使得用人单位宁可高薪招聘全职从业人员，也不愿低成本使用实习生，造成高校建设教学实践基地难度加大，尤其是非知名院校。为了落实实习基地，有的高校甚至提出了零报酬的条件，但企业接收实习生的积极性仍然不高。学校不愿在实习环节上投入资金，缺乏一个让用人单位满意的合作方式，最终使实践教学流于形式。

### （五）对实践教学不够重视

调查发现，约95.48%的学生认为教师缺乏实践经验，不能结合企业实际情况，仅仅依靠理论知识和既有经验指导学生。在教学的过程中，出现不同教师对相同问题的回答不同的情况。因此，教师应深入企业，达到与时俱进、精益求精的效果。在传统教育体制下，高校会计专业教育侧重于学生理论知识的学习，对实践能力的要求不高，因此会计人才的培养方案中对实践教学重视程度不够。部分高校虽然设置了相关实践教学课程，但在教学内容、教学条件、教学考核上都没有给予足够重视，没有产生应有的教学效果。学生实践操作能力差，理论和实践脱节，这种注重理论教学而忽视实践教学现象的普遍存在，在很大程度上制约着高质量会计专业人才的培养，远远不能满足社会需求，会计专业的学生面临着越来越大的就业压力。

### （六）实践教学方法落后

调查结果显示，约80.21%的被调查者认为会计专业应届毕业生理论知识扎实，实践能力弱，不能很快满足会计岗位的需求；同时，会计实践教学方法落后，不能与科技的快速发展同步。在会计实践教学中，传统的手工记账在实训中仍占主导地位。采用的主要教学形式是集中实训以及独立式和分工式教学方法。独立式教学方法对学生的要求是一致的，答案也是相同的，可能会使一部分学生懒于动手，直接抄袭了事；分工式教学方法要确保各组之间的协调，如果有一个人的工作未完成，会影响全组的时间。

## 三、影响应用型本科院校实践教学满意度因素分析

党中央高度重视大学生实践教育，《中共中央关于制定国民经济和社会发展第十四个五年规划和二〇三五年远景目标的建议》中明确提出要建设高质量教育体系，增强学生文明素养、社会责任意识、实践本领。实践教学作为高校人才培养的主要途径与关键环节，在育人过程中的重要性逐渐凸显。学生满意度测评作为一种捕获学生需求的现代调查工具，能够帮助教师全面快速地了解学生的需求。目前，关于高校教学满意度研究的成果较为丰富，如张蓓、林家宝（2014），胡国良、黄美初（2017），庄腾腾、姚继军（2020）以及朱连才、王宁、杜亚涛（2020）分别对影响大学教学、成人高校翻转课堂、理工科本科生专业课与大学生在线学习的满意度前因变量开展实证研究。而关于高校实践教学满意度研究的成果则不多，主要有孙友然、杨淼、江歌（2016年）采用结构方程方法构建并检验高校实践教学满意度模型，肖轶楠、李佳（2018）采用探索性因子分析

提出影响高校学生实践教学满意度的 4 个因子，李伟明、袁丹、姜焰凌（2019）对医学本科生开展实践教学满意度及影响因素研究，研究内容上多集中教学满意度前因变量研究，鲜有教学满意度与顾客抱怨、顾客忠诚两个结果变量关系的分析，研究对象上多为普通高校，少有应用型本科院校。而应用型本科院校的办学定位正是在于培养能适应社会经济发展需要的、具有较强实践动手能力的创新型人才。[①] 因此，基于顾客满意度理论，构建应用型本科院校实践教学满意度结构方程模型，有助于分析应用型本科院校实践教学满意度影响因素，对于提高该类院校实践教学水平与学生满意度，促进学生实践能力、创新创业能力与自信心的提升有着重要的现实意义。

### （一）理论分析、研究假设与模型构建

1. 理论分析

美国学者科罗斯·费耐尔（Claes Fornell）等人提出顾客满意度指数模型（简称 ACSI），以顾客满意度为目标变量，分别设置了顾客预期（Customer Expectations）、感知质量（Perceived Quality）和感知价值（Perceived Value）三个结构变量作为原因变量，又设置顾客抱怨（Customer Complaints）和顾客忠诚（Customer Loyalty）两个结构变量作为结果变量，以过程中消费者所接受的服务和在整个消费行为中产生的消耗和抱怨等观察因素作为依据，得出客户满意度，从而进一步对产品的顾客满意度的整体水平进行一个综合性的评判。基于顾客满意度理论，将学生设为消费行为中的顾客，将教师提供的实践教学工作设为为顾客提供的产品，提出应用型本科院校实践教学满意度结构方程模型。学生的实践教学过程结果的期望水平与实际感知情况会对学生满意度产生影响，二者共同形成了学生满意度的前因；当产品的感知价值超过产品的顾客预期质量时，就会带来顾客忠诚，而当产品的感知价值长期低于产品的顾客预期质量时，就会带来顾客抱怨。

学生期望：参考顾客期望概念，学生期望是指学生基于自身兴趣，结合对专业特色、课程性质和教师素质的了解，形成对实践教学的环境、内容、教师责任心和专业水平等的整体预期。

学生满意度：在实践教学环节，学生满意度是指大学生将所接受的实践教学服务和收获与其期望相比较而产生的高兴或失望、积极或消极的心理感觉。[②] 从顾客满意度理论角度，学生期望及感知质量影响着学生满意度水平。

---

① 潘懋元．什么是应用型本科？[J]．高教探索，2010（1）：10-11.

② 曹丽，马军平，张海丽．以全校公选课联席授课为载体的大学教学满意度实证研究［J］．高教学刊，2019（7）：47-50.

感知质量：感知质量在 ACSI 的具体指标主要包括感知服务质量和产品质量两个方面。实践教学属于感知服务质量，高等教育顾客感知服务质量是高等教育服务的固有特性，满足顾客明确的或潜在的要求的程度，高等教育顾客感知服务质量比较显著地影响顾客满意感。① 在实践教学感知质量的评价研究中，郑谦、汪伟忠、赵伟峰等（2016）提出实践教学的质量评价指标体系，即“教学过程”“教学师资”“教学环境”与“教学质量监控”。肖轶楠、李佳（2018）提出影响高校实践教学满意度因素，包括“教师教学过程”“专业实验室”“校外实践基地”“实践课程安排”4 个因子。严太山、刘怡婷、黄红霞（2018）认为，教学过程中所需要具备的主要要素包括教学质量、教学环境、教学过程等，这些都是评价教学实践效果的核心指标。张晓花、朱陈松、朱昌平等（2019）认为，实践指标的核心在于教学的主要内容、参与教学过程的教育工作者、学生的具体反馈等多个方面。孙文志、黄玮、李宁（2019）提出从“实践教学内容”“训练过程”“评价体系”“指导教师”等方面进行全面改革与实践，建立了全新的实践教学模式。可见，国内学者关于实践教学感知质量构成要素的观点基本一致，一般都包括教学环境（校内外实践教学场所）、教学内容、教学组织（教学过程或训练过程）等三个方面。由此，将 ACSI 模型中的感知质量细分为教学环境质量感知、教学内容质量感知、教学组织质量感知三个结构变量，对学生满意度有驱动作用。

学生抱怨与学生忠诚：满意度的具体变量包括顾客忠诚和顾客抱怨两个方面，这来自阿尔伯特·赫希曼（Albert Hirschman）的“退出、呼声和忠诚”理论（Exit，Voice and Loyalty）。借鉴顾客满意度理论中顾客抱怨的概念，学生抱怨是学生对参与接受的实践教学服务表示不满的行为方式，一般包括退出和投诉。由于高校学生参与的实践环节是获得学分的必要方式，因此采取的行为主要是投诉，包括校内与校外投诉。如果组织能够妥善对待与处理学生抱怨，抱怨的学生往往会转变为忠诚的学生。

学生忠诚是指学生推荐其他同学听某教师讲授课程的可能性大小和再次听某教师讲授的其他课程的可能性大小，是学生内在积极态度、情感、偏好和外在再次听课行为的统一。再次听课的可能性是指如时间许可，学生愿意听某教师其他课程的可能性；向他人推荐的可能性是指学生推荐其他同学听某教师讲授课程的可能性大小。

2. 研究假设的提出与结构模型的构建

根据上述理论分析，提出应用型本科院校实践教学满意度结构模型，如图 5-2。其中，学生期望、教学环境、教学内容、教学组织、学生满意度、学生忠诚及学生抱怨等 7

① 胡子祥．高等教育顾客感知服务质量的实证研究［J］．西南大学学报（人文社会科学版），2006（1）：135-141.

个变量为模型潜变量，学生期望、感知质量以及学生满意度是关键变量。

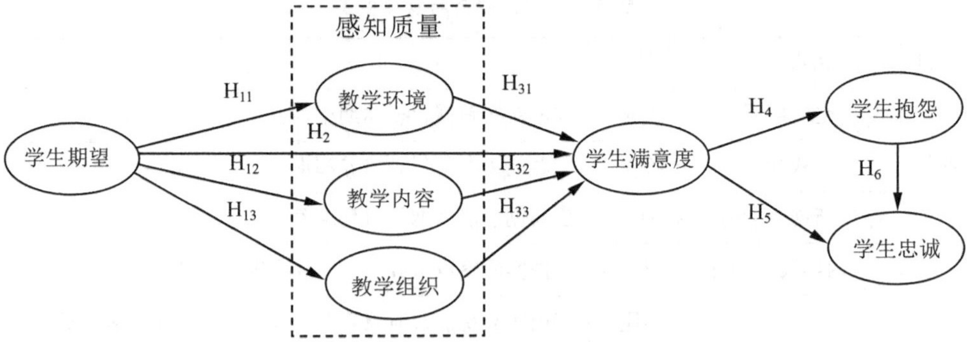


图 5-2　应用型本科院校实践教学满意度结构模型

对应研究假设分别是：

$H_{11}$：学生期望会正向影响教学环境感知质量；

$H_{12}$：学生期望会正向影响教学内容感知质量；

$H_{13}$：学生期望会正向影响教学组织感知质量；

$H_2$：学生期望对学生满意度具有正向影响；

$H_{31}$：教学环境感知质量会正向影响学生满意度；

$H_{32}$：教学内容感知质量会正向影响学生满意度；

$H_{33}$：教学组织感知质量会正向影响学生满意度；

$H_4$：学生满意度对学生抱怨有负向影响；

$H_5$：学生满意度对学生忠诚有正向影响；

$H_6$：学生抱怨对学生忠诚有负向影响。

### （二）研究设计

1. 问卷与量表

在量表设计中，在研究假说的基础上，借鉴学者们多次使用的相关量表中的测量题项，结合课程教学质量评价指标体系的构建原则、创新创业教育要求与应用型本科院校会计实践教学特点，设计了应用型本科院校会计实践教学学生满意度测试指标及相应的量表，保证问卷的内容效度；而后，邀请数位资深一线会计实践教学教师对此量表进行修改与完善。在湖南工程学院应用技术学院会计学专业 200 名本科生中进行预调查，并对预调查数据进行验证性因子分析，经调整最终形成了包含 24 个观测变量的量表，如表 5-2 所示。问卷选项采用 Likert 量表设计，设置 1～5 分，分别表示完全不同意到完全同意，测试个人主观意愿和感受。

**表 5-2 结构变量与观测变量**

| 结构变量 | 观测变量 | 符号 | 量表 |
|---|---|---|---|
| 学生期望 | 整体期望 | $QW_1$ | 课前对实践课程整体期望 |
| | 实践能力 | $QW_2$ | 实践能力期望得到培养和提高 |
| | 创新创业能力 | $QW_3$ | 创新创业能力期望得到培养 |
| 教学环境 | 校内实验室硬件 | $HJ_1$ | 校内实验室设备齐全、布局合理、干净整洁 |
| | 校内实验室软件 | $HJ_2$ | 校内实验室能及时更新系统或平台，满足教学需要 |
| | 校外基地岗位 | $HJ_3$ | 校外实践岗位数量相对较多 |
| | 接触校外专家机会 | $HJ_4$ | 在实践课中能接触到实践经验丰富的校外专家 |
| 教学内容 | 教学目标 | $NR_1$ | 实践课程的培养目标明确，科学合理 |
| | 教学内容 | $NR_2$ | 实践课程的内容紧跟时代需求，与工作能力紧密结合，突出大数据分析与智能财务工作技能 |
| | 与学科竞赛衔接 | $NR_3$ | 实践课程的内容与相关学科竞赛知识的衔接程度 |
| | 与创新创业衔接 | $NR_4$ | 实践课程的内容与创新创业大赛知识的衔接程度 |
| 教学组织 | 课前准备 | $ZZ_1$ | 实践教学课前教师准备充分，提前下发了实践教学计划与指导书等资料 |
| | 教学经验 | $ZZ_2$ | 教师实践教学经验丰富，态度端正 |
| | 过程记录 | $ZZ_3$ | 教师对学生参与实践过程的表现有记录 |
| | 答疑反馈 | $ZZ_4$ | 教师能耐心解答学生在实践课中的疑问，形成完整的反馈机制和反馈途径 |
| | 考核制度 | $ZZ_5$ | 考核标准能够客观反映实践情况 |
| 学生满意度 | 整体满意度 | $MY_1$ | 对实践的整体情况感触颇深，收获很大 |
| | 实践能力 | $MY_2$ | 实践能力得到培养和提高 |
| | 创新创业能力 | $MY_3$ | 创新创业意识得到培养 |
| | 自信心 | $MY_4$ | 个人自信心得到提升 |
| 学生忠诚 | 认真听课的可能性 | $ZC_1$ | 提高了会计学专业课程的学习兴趣，会继续学好专业课程 |
| | 推荐该课程的可能性 | $ZC_2$ | 如果有机会，会向他人推荐本校会计学专业学习 |
| 学生抱怨 | 校内抱怨 | $BY_1$ | 您未曾与校内的任何人抱怨过会计实践教学课程 |
| | 校外抱怨 | $BY_2$ | 您未曾与校外的任何人抱怨过会计实践教学课程 |

2. 调研过程和样本分析

在应用型本科院校经济管理类专业中，会计学专业因其应用技术特征明显，实践教学内容占全部教学内容比重较大，且近年来会计学专业招生数量多，是应用型本科院校的“标配”专业。选取包括湖南工业大学科技学院、湖南工程学院应用技术学院在内的4所应用型本科院校为调查对象，发放问卷587份，回收587份。其中，有效问卷为450份，有效率约为76.67%。从性别看，男生81人，占18%，女生369人，占82%；从年级看，大一占23.4%，大二占36.4%，大三占27.8%，大四占12.4%；从身份看，班干部占26.9%，非班干部占73.1%。

### （三）实证结果分析

1. 测量模型的检验

通过AMOS软件对测量模型进行验证性因子分析（CFA），以此来评价模型变量的信度、收敛效度。信度是评价测验结果的一致性、稳定性及可靠性，估计测量误差对整体测验的影响。在SEM分析过程中，以组合信度作为潜在变量的信度系数。根据标准化回归系数（因素负荷量）估计值可计算各潜变量的组合信度（Composite Reliability），作为检验潜变量的信度指标，公式如（1）式。

$$\rho_c = \frac{(\sum \lambda)^2}{(\sum \lambda)^2 + \sum \theta} \tag{1}$$

（1）式中，$\rho_c$ 为组合信度，$\lambda$ 为观测变量在潜在变量上的因素负荷量，$\theta$ 为观测变量的误差变量。组合信度数值达到0.6以上，表示模型的内在质量理想。从表5-3可知，建立的模型中的7个潜在变量可信度数值均达到0.6以上。

收敛效度采用平均方差抽取量（Average Variance Extracted）来评价，具体计算方法如（2）式。它可以直接显示被潜在变量所解释的变异量有多少来自测量误差，其数愈大，说明测试过程中产生的测量误差越小，愈能有效反映其共同因素构念的潜在特质。通常情况下，标准数值应该保持在0.5以上。

$$\rho_v = \frac{(\sum \lambda^2)}{(\sum \lambda^2) + \sum \theta} \tag{2}$$

（2）式中，$\rho_v$为平均方差抽取量，$\lambda$ 为观测变量在潜在变量上的因素负荷量，$\theta$ 为观测变量的误差变量。由表5-3可知，模型中所有潜变量的平均方差抽取值均大于0.5，表明模型的内在质量佳。

**表 5-3 信度与效度分析**

| 因子 | 测量指标 | 因素负荷量 | 信度系数 | 测量误差 | 组合信度 | 平均方差抽取量 |
|---|---|---|---|---|---|---|
| 学生期望 | $QW_1$ | 0.911 | 0.830 | 0.170 | | |
| | $QW_2$ | 0.892 | 0.796 | 0.204 | | |
| | $QW_3$ | 0.938 | 0.881 | 0.119 | 0.938 | 0.836 |
| 教学环境 | $HJ_1$ | 0.928 | 0.861 | 0.139 | | |
| | $HJ_2$ | 0.938 | 0.879 | 0.121 | | |
| | $HJ_3$ | 0.943 | 0.889 | 0.111 | | |
| | $HJ_4$ | 0.951 | 0.904 | 0.096 | 0.968 | 0.883 |
| 教学内容 | $NR_1$ | 0.957 | 0.916 | 0.084 | | |
| | $NR_2$ | 0.959 | 0.921 | 0.079 | | |
| | $NR_3$ | 0.972 | 0.944 | 0.056 | | |
| | $NR_4$ | 0.961 | 0.923 | 0.077 | 0.980 | 0.926 |
| 教学组织 | $ZZ_1$ | 0.941 | 0.886 | 0.114 | | |
| | $ZZ_2$ | 0.951 | 0.905 | 0.095 | | |
| | $ZZ_3$ | 0.963 | 0.927 | 0.073 | | |
| | $ZZ_4$ | 0.947 | 0.897 | 0.103 | | |
| | $ZZ_5$ | 0.942 | 0.887 | 0.113 | 0.978 | 0.900 |
| 学生满意度 | $MY_1$ | 0.955 | 0.912 | 0.088 | | |
| | $MY_2$ | 0.963 | 0.927 | 0.073 | | |
| | $MY_3$ | 0.947 | 0.896 | 0.104 | | |
| | $MY_4$ | 0.940 | 0.884 | 0.116 | 0.964 | 0.910 |
| 学生忠诚 | $ZC_1$ | 0.905 | 0.818 | 0.182 | | |
| | $ZC_2$ | 0.914 | 0.836 | 0.164 | 0.905 | 0.827 |
| 学生抱怨 | $BY_1$ | 0.944 | 0.891 | 0.109 | | |
| | $BY_2$ | 0.928 | 0.861 | 0.139 | 0.934 | 0.876 |

2. 潜在变量路径分析与结构模型检验

采用验证性因子分析对模型的信度与效度进行检验后，继续采用 AMOS 24.0 对所提出的结构模型进行拟合检验与路径分析。选取极大似然法估计模型中潜在变量间相应回归系数参数，结果如表 5-4。

**表 5-4　模型潜在变量路径系数显著性检验**

| 假设 | 路径 | 标准负荷量 | *C. R.* | *P* | 显著与否 |
| --- | --- | --- | --- | --- | --- |
| $H_{11}$ | 教学环境 ←— 学生期望 | 0. 663 | 15. 342 | *** | 是 |
| $H_{12}$ | 教学内容 ←— 学生期望 | 0. 695 | 16. 115 | *** | 是 |
| $H_{13}$ | 教学组织 ←— 学生期望 | 0. 711 | 16. 692 | *** | 是 |
| $H_{31}$ | 学生满意度 ←— 教学环境 | 0. 163 | 5. 558 | *** | 是 |
| $H_{32}$ | 学生满意度 ←— 教学内容 | 0. 312 | 10. 097 | *** | 是 |
| $H_{33}$ | 学生满意度 ←— 教学组织 | 0. 548 | 16. 468 | *** | 是 |
| $H_2$ | 学生满意度 ←— 学生期望 | 0. 089 | 1. 895 | * | 是 |
| $H_4$ | 学生抱怨 ←— 学生满意度 | 0. 554 | 12. 075 | *** | 是 |
| $H_5$ | 学生忠诚 ←— 学生满意度 | 0. 672 | 15. 143 | *** | 是 |
| $H_6$ | 学生忠诚 ←— 学生抱怨 | 0. 223 | 5. 243 | *** | 是 |

**注：** ***、**、*分别表示在 *P*<0. 01、*P*<0. 05、*P*<0. 1 的水平下显著。

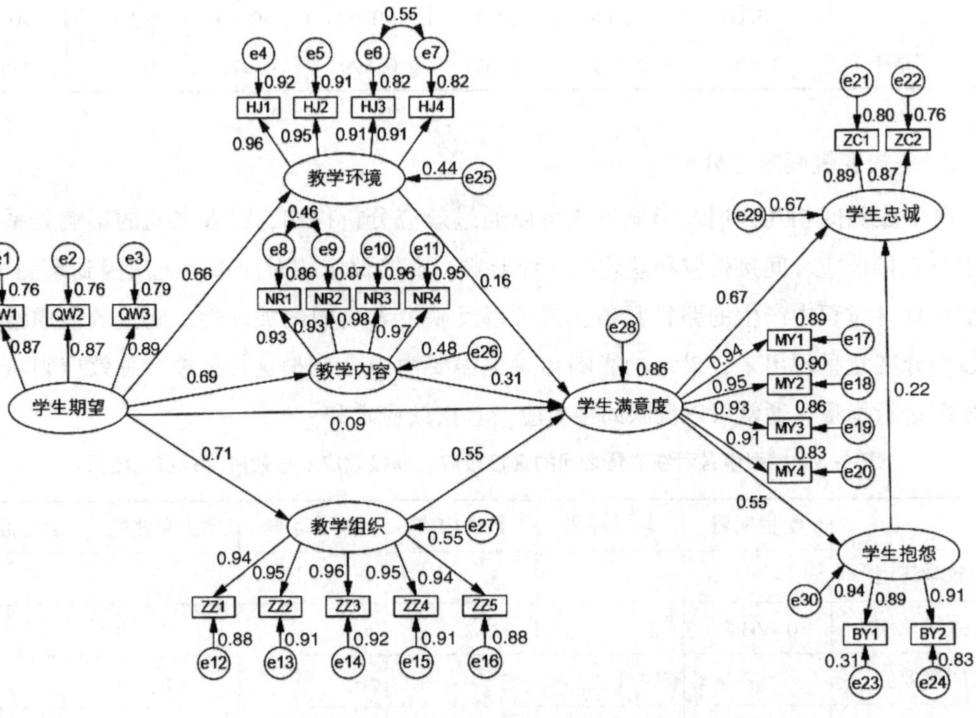


图 5-3　应用型本科院校实践教学满意度结构方程模型

如果 $C.R.$ 值（即 $t$ 值）大于 1.65，$P<0.1$，该参数可达到 0.1 显著水平（$^{*}$）；$C.R.$ 值大于 1.96，$P<0.05$，该参数可达到 0.05 显著水平（$^{**}$）；$C.R.$ 值大于 2.58，$P<0.01$，该参数可达到 0.01 显著水平（$^{***}$）。从表 5-4 可知，有 1 条研究假设 $H_2$ 的 $C.R.$ 值大于 1.65 而小于 1.96，说明这个假设只达到 0.1 显著水平，其他假设 $C.R.$ 值均大于 2.58，达到 0.01 显著水平，原模型中的 10 条路径系数全部通过检验。研究假设 $H_2$，学生期望对学生满意度具有直接正向的影响，假设显著性水平不高的原因可能是，学生期望对学生实践教学满意度的影响受实践教学感知质量中的教学环境、教学内容与教学组织的三个中介变量的影响，导致二者之间的直接效应减弱。应用型本科院校实践教学满意度的结构方程模型如图 5-3。

运用 AMOS 软件可以检测模型的适配情况，具体情况如表 5-5 所示，其中绝对适配统计量卡方值自由度比值为 2.923 小于 3.00，残差均方和平方根 RMR = 0.027<0.05，渐近残差均方和平方根 RMSEA = 0.065<0.08，增量适配度指数 IFI = 0.976>0.90、CFI = 0.976>0.90，表示模型对数据具有较好的适配度。

**表 5-5 模型的适配度分析**

| 适配度检验指标 | CMIN/DF | RMSEA | RMR | GFI | CFI | IFI | PCFI |
|---|---|---|---|---|---|---|---|
| 适配标准 | <3.00 | <0.08 | <0.05 | >0.90 | >0.90 | >0.90 | >0.50 |
| 模型结果 | 2.923 | 0.065 | 0.027 | 0.890 | 0.976 | 0.976 | 0.819 |

3. 各潜变量间效应分析

各潜变量间相互作用及影响方式可以通过效应分析得出，二者之间的影响关系分别呈现为直接效应、间接效应和总效应三种形式。直接效应相对简单，是从因到果的过程，因变量计算过程中产生的路径数值，就可以反映二者之间的关联性。间接效应通常需要通过中介变量呈现出来，最终的影响结果也需要由中介变量进行反馈。总效应则从宏观的角度进行衡量，通常可以反映间接效应与直接效应之和。

**表 5-6 模型中各潜在变量之间的直接效应、间接效应及总效应（标准化结果）**

| | 学生期望 | 教学环境 | 教学内容 | 教学组织 | 学生满意度 | 学生抱怨 |
|---|---|---|---|---|---|---|
| **教学环境** | | | | | | |
| （直接效应） | 0.663*** | | | | | |
| （间接效应） | | | | | | |
| （总效应） | 0.663 | | | | | |

续表

| | 学生期望 | 教学环境 | 教学内容 | 教学组织 | 学生满意度 | 学生抱怨 |
|---|---|---|---|---|---|---|
| **教学内容** | | | | | | |
| (直接效应) | 0.695*** | | | | | |
| (间接效应) | | | | | | |
| (总效应) | 0.695 | | | | | |
| **教学组织** | | | | | | |
| (直接效应) | 0.711*** | | | | | |
| (间接效应) | | | | | | |
| (总效应) | 0.711 | | | | | |
| **学生满意度** | | | | | | |
| (直接效应) | 0.089* | 0.163*** | 0.312*** | 0.548*** | | |
| (间接效应) | 0.714 | | | | | |
| (总效应) | 0.803 | 0.163 | 0.312 | 0.548 | | |
| **学生抱怨** | | | | | | |
| (直接效应) | | | | | 0.554*** | |
| (间接效应) | 0.445 | 0.090 | 0.173 | 0.303 | | |
| (总效应) | 0.445 | 0.090 | 0.173 | 0.303 | 0.554 | |
| **学生忠诚** | | | | | | |
| (直接效应) | | | | | 0.672*** | 0.223*** |
| (间接效应) | 0.639 | 0.129 | 0.249 | 0.436 | 0.124 | |
| (总效应) | 0.639 | 0.129 | 0.249 | 0.436 | 0.796 | 0.223 |

**注:** ***表示 0.01 水平上显著, *表示 0.1 水平上显著。

从表 5-6 可以看出，学生期望到学生满意度标准化路径系数只有 0.089，即直接效应为 0.089，但在学生实践教学质量感知的三个中介变量（教学环境、教学内容、教学组织）的影响下，学生期望到学生满意度的间接效应达到了 0.714，说明在其他条件不变的情况下，学生期望每提升 1 个单位，学生满意度将间接提升 0.714 个单位。同时，教学环境、教学内容、教学组织三个潜变量对学生满意度的直接效应分别是 0.163、0.312、0.548，表明学生实践教学感知质量中，教学组织对学生满意度的影响是最大的。同时，结果也表明，学生满意度水平会显著影响学生抱怨与学生忠诚，且学生满意度对学生忠诚的影响较学生抱怨的影响更大，其直接效应为 0.672，间接效应为 0.124，总效应为

0.796，表明学生满意度水平每提升 1 个单位，学生忠诚度将总的提升 0.796 个单位。另外，研究结果还表明学生抱怨对学生忠诚产生的直接效应为 0.223。

**（四）结论和建议**

本节以顾客满意度理论为基础，结合当前应用型本科院校会计学专业教学主动融入“双创教育”理念、强化大数据技能教学、积极推进产教融合的时代背景，构建了应用型本科院校会计实践教学满意度结构方程模型，并以湖南省内 4 所应用型本科院校会计学专业学生为研究对象，探索影响应用型本科院校会计实践教学满意度的前因变量与结果变量。在设计模型时，将学生教学质量感知细分为教学环境、教学内容与教学组织三个部分，有利于对被试学生的实践教学质量感知作出更为准确的判断。研究的所有假设都得到了支持，较好解释了实践教学满意度的形成机理与产生的影响。

1. 实践教学学生满意度受学生期望、教学环境、教学内容与教学组织等多方因素影响

模型潜在变量路径分析结果表明，学生期望对教学环境、教学内容以及教学组织等感知质量都有显著正向影响；与此同时，教学环境、教学内容、教学组织均与学生满意度存在显著正相关，且教学组织对学生满意度的直接效应水平最高，其次是教学内容，如图 5-3。而学生期望对学生满意度的直接效应水平不高，但通过教学环境、教学内容、教学组织感三个中介变量影响，对学生满意度的间接效应显著。由此可以认为，要提高学生会计实践教学满意度水平，应高度重视学生期望对实践教学感知质量的正向影响，不断提高学生对会计实践教学环节的学习兴趣与参与度，并做好以下配套工作。

第一，加强教师对会计实践教学的组织管理。在实践教学指导教师人选上，应对教师的专业水平以及实践能力进行充分衡量，并配备不少于一名的青年教师担任教学助理，参与学生实践教学的课前资料准备、答疑、互动以及考核等工作，以确保实践教学的质量，使学生能够在教师的指导过程中，有更多的收获和感悟；在学生实验、实训与实习过程中，教师应与学生建立良好的师生关系，如及时答疑解惑、主动地帮助学生解决学习中遇到的困难、建立通畅的信息反馈渠道；在学生实践教学效果考核上，要加大对教学过程中互动环节的考核和关注，使实践教学成绩较为客观地反映实践过程与结果。

第二，实现会计实践教学内容与财务大数据技术、会计专业学科竞赛、大学生创新创业竞赛等专业实践活动融合，突出对大数据分析能力与应用能力、智能财务工作能力的培养，应充分借助互联网技术，搭建线上线下一体化的实训平台，如线上采用“网中网”“专一网·云上实训”等专业实践教学互联网平台，线下由专业教师与企业导师具体

指导，不断丰富更新教学资源，搭建真实的应用场景开展实践教学；采取成立学生协会、开训练营、办比赛的方式引导学生主动参与专业学科竞赛与创新创业大赛，如成立大学生财务大数据竞赛、企业模型经营竞赛、“互联网+”大学生创新创业竞赛协会，高低年级学生组合，师生互选；将学科竞赛的考核知识点融入课堂讲授、赛前培训，真正做到“以赛促学”“以赛促教”，明确学生学习目标，调动学生学习主动性，培养学生团队协作精神与创新精神，提升个人专业自信。

第三，有效提升校内实验室环境质量，保证实验、实训所需的机器、设备齐全，教学软件与教学平台及时更新，确保实验室实践教学效果；加强校外实践教学基地建设，引入先进的教育理念，开发优质专业的培训系统，实现基地专业实习岗位设置多样化。

2. 学生满意度对学生抱怨有显著负向影响，对学生忠诚有显著正向影响

模型潜在变量路径分析与潜变量间效应分析显示，学生忠诚受学生满意度和学生抱怨两个潜在变量的直接影响，直接效应分别是 0. 672 与 0. 223，学生满意度对学生忠诚的直接效应明显高于学生抱怨。学生期望、教学环境、教学内容、教学组织、学生满意度等会对学生忠诚产生间接效应，其中学生期望、教学组织的间接效应较高，分别是 0. 639 与 0. 436。而学生期望、教学环境、教学内容、教学组织还会对学生抱怨产生间接效应，其中学生期望、教学组织对学生抱怨的间接效应较高，分别是 0. 445 与 0. 303。从这些数据中可以得出，想要进一步提升学生对专业课程的整体兴趣，优化教学质量，应充分重视学生满意度评价，以学生为中心，以学生为本，树立一切为了学生发展的教育理念。创造专业实践条件，搭建专业实践场景，提升学生对教学环境的满意度；主动调整教学内容，适应会计实践数据化、智能化的发展趋势，优化师资结构，增加企业师资，提升学生对教学内容的满意度；升级实践组织，搭建开放性实践教学平台，允许学生自主安排部分实践实习环节，增强学生对教学组织的满意度。采用多元化的评价方式对专业实践教学成果开展评价，突出创新创业能力、专业实践操作能力，开展师生互评，拉近学生与教师之间的关系，加强同学生的沟通与交流，以提高学生实践教学满意度，最终实现提高学生期望水平等前置因素对学生忠诚的正向间接影响，降低学生的抱怨水平与其对学生忠诚的负向影响。

## 四、加强应用型本科院校实践教学效果的对策

### （一）践行“实践育人”理念，优化人才培养方案

应用型本科院校的人才培养目标是培养立足本省、面向全国、服务区域经济和产业发展的应用型人才。这就要求学校培养的人才应是业务、道德、文化、身心素质兼备，

具有突出的创新创业能力、知识综合应用能力和实践能力、较强的语言表达能力、与人合作的能力和终身学习能力的复合型人才，以适应经济快速发展、生产自动化、技术复杂化的要求。这一类型人才的培养过程更强调与一线生产实践相结合，更加重视实践教学环节，如实验教学、生产实习等。例如，会计专业人才应具备的素质除道德素质、文化素质、身心素质外，还包括“基本财务知识+管理知识+信息化知识”等业务素质，具备逻辑思维能力、沟通能力和领导能力。为实现这一目标，应牢固树立“实践育人”理念，确立实践教学的核心位置，优化人才培养方案。首先，合理确定理论教学与实践教学的学时、学分比重，适度加大实践教学学时、学分比重。在研究中，学生提出通过多开展企业实习、延长毕业实习时间、缩减理论（公共课）课程、增加实践操作课程、专业课程设置提前等方式增加实践环节。其次，根据区域经济市场与学生需求，调整实训、实习环节的内容安排，提高应用型本科院校学生运用会计学专业理论知识分析及处理实际业务问题的能力。有学生提出实践内容与会计实际工作相挂钩、实训内容应多样化而非单一与重复、增加非工业企业行业的会计业务实训与实习、选取代表性的企业实习等建议；在新生入校时详细介绍会计学专业的课程体系，并重点强调学校的实践教学体系及特色，强化学生对会计学课程体系结构与知识框架的整体认识，让学生明确各门课程的逻辑联系、学习目标与学习进程。应将学生的职业生涯规划与教学过程中的实践环节和毕业实习有机地结合在一起，提高学生适应社会的实践动手能力以及解决实际问题的能力。

### （二）构建多层面的实践教学内容，实行多元化的校内外实训模式

实践教学内容的设计应是多层级、多维度的。应用型本科院校会计实践教学内容的设置，应遵循循序渐进的原则，由低到高分为基本技能层、综合应用能力层和工程应用能力层三层。第一层面为基本技能训练，包括从事会计职业要具备的基本能力或技能，可采取校外实习基地实习与校内仿真实验室实训相结合的模式。其中，校外实习基地实习的主要目标是让学生了解各行业经营活动内容，可涉及生产制造企业（原材料等物资的采购—入库—出库—投料生产—完工入库—出库销售）、商品流通企业（商品的购入与销售）、行政事业单位（资金的取得—使用—上缴）、会计师事务所、代理记账公司等不同性质类型单位的主体业务活动，了解并比较分析各行业单位会计制度、岗位及分工、会计核算流程及使用的凭证、账簿资料的异同等。会计部门业务演示学习、校内会计仿真实验室能为相当规模的学生在一定时期完成会计学专业课堂实训提供实战场所，实训的主要目标是培养学生的会计工作能力，初步具备会计核算与审计的基本技能，编制理论上的预算表，对简单的筹资、投资项目进行科学决策等能力，掌握财务、会计

的定性和定量分析方法，并能熟练运用其方法解决实际问题。第二层面为综合应用能力层，以培养学生的应用能力和创新能力为目的，训练学生应用会计基本技能、专业技能解决实际问题的综合能力，这种能力训练侧重于在更真实的职业环境下进行。可以借助学校购买的会计综合实训平台安排实训内容，也可借助省教育厅等相关部门组织的各种技能大赛平台，如湖南省教育厅每年主办的大学生模拟经营竞赛、大学生财务大数据应用能力竞赛，通过边赛边练、以赛带练，这些方法在促进应用型本科院校会计学专业的教学效果和人才培养质量的提升上效果显著。第三层是工程应用能力层，培养的是学生善于发现并有效解决会计实际工作中出现的问题的能力，如建立并完善单位的会计制度、内部控制制度，对筹资、投资、理财等业务作分析等。这一能力的培养主要在毕业实习与毕业论文写作环节完成。毕业实习应建立院系指导教师与实习单位指导教师协调配合机制，为学生提供更好的实习指导服务，保证学生在实习过程中获取足够的专业能力，为高质量就业创造条件。

### （三）扩充师资队伍，提升师资水平

在进行专业实训课程理论讲解时注重理论联系实际，边学习边动手，增加案例分析；实践教学环节内容与实际工作相接轨；注意课堂教学的趣味性；过程管理中加强师生互动，关注学生学习状态，分班授课，增加实训导师。学校应注重优秀教师引进，充实会计学任课教师队伍，打造高素质教师团队。从企业或会计师事务所聘请优秀人员，来学校授课或开展讲座，与学生面对面交流，帮助解答学习实践教学中遇到的疑问。鼓励任课教师利用周末或假期到企业参观和学习，或者到会计师事务所兼职，多途径、多方面接触会计实践工作岗位，积累经验，明确工作岗位对人才培养的要求。改进实践教学方式，有针对性地培养应用型人才，增强学生对会计工作岗位的适应性。鼓励和支持任课教师积极参与会计师等专业技术资格考试，让他们在备考中丰富并更新知识，与时俱进，深化对教学内容的理解和认识，从而更好地开展会计实践教学，将自己打造成为“双师型”教师。①

### （四）增加实践后期的点评讲解，实行考核方式多元化

实践教学对培养复合型人才发挥着不可替代的作用。只有建立全局性的会计实践教学考核体系，才能有效规范应用型本科院校会计实践教学的各个环节，从而提高应用型本科院校会计实践教学质量。② 实训、实习结果的考评是实践教学环节的重要组成部分，由于会计实践教学的特殊性，考核的重点应放在对学生实际操作能力的考核上。在实训、

① 郑浣非．提高会计学专业实践教学质量的对策［J］．现代经济信息，2018（17）：451.

② 胡桐春．高等数学教学与数学实验［J］．高等教育研究，2006（2）：40-41.

实习考核方式上，应将实践过程与实践效果结合考查，即学生实训实习出勤、学习态度、书页资料全部纳入实践考核的范围，并对实训实习报告内容进行答辩，以达到全面考核学生的语言表达能力、实际操作能力和思维创新能力的目的。具体考核内容是：（1）出勤占 10%；（2）学习态度占 20%（提问、思考与专注度等）；（3）书面资料（计算、分析、书写和装订等）占 60%；（4）总结答辩占 10%。同时，在学生完成实训、实习后，应对学生的实训、实习结果进行点评，让学生及时了解自己到底做得如何，有哪些做得不对的环节，正确的操作应是怎样的。

# 第六章　以服务地方经济为驱动的高职院校教学质量评价

教育与经济发展关系密切。1848 年成立的威斯康星大学是在赠地学院的基础上发展起来的，是早期大学为地方经济服务的典范，其提出的“威斯康星理念”对后来高等教育服务地方经济产生重大影响。二战后，高等教育服务地方经济的理论与实践有了新的发展，出现了诸如产学研合作、校企合作、建立高校科技园区、科技中介等服务模式，为地方经济的发展提供了有力的支撑。进入 21 世纪以来，高等职业教育步入了发展的快车道，办学规模、办学质量得到了快速提升，已成为助推地方经济发展的重要力量。高校服务地方经济与服务学生之间存在着紧密的辩证关系，一方面，服务地方经济有利于推动地方经济发展，从而带动就业增长，为学生创造更好的就业环境；另一方面，服务好学生，让学生成长成才，有助于学生走向工作岗位后更好地建功立业，服务地方经济发展。

因此，深化校企合作、工学结合，进一步促进高等职业院校办出特色，全面提高高等职业教育质量，提升其服务经济社会发展的能力是当前高等教育改革发展的重点方向之一。为此，国家出台了《国家职业教育改革实施方案》《职业教育提质培优行动计划（2020—2023 年）》等文件。这给湖南省高职教育加快发展、提高服务地方经济发展能力带来了巨大的契机。

2020 年，习近平总书记考察湖南时，作出了“长株潭一体化发展要继续抓下去，抓出更大成效”的重要指示。在这一背景下，探索长株潭地区高等职业教育如何充分发挥自身优势，整合教育与科研资源，创新人才培养模式，提高人才培养质量，促进科研成果转化，让本区域内高等职业教育更好地服务经济建设发展的需要，不仅是本区域内各职业技术学院面临的紧迫任务，也是各级政府与教育行政主管部门思考的问题。因此，对长株潭地区高等职业教育服务地方经济发展现状、存在的问题、服务实施的模式与途径、政府的鼓励与扶持对策等展开深入研究具有十分重要的实践意义。

为此，通过实地走访教育主管部门、长株潭各主要职业院校，浏览职业院校的官网等调查方式，对长株潭地区 38 所高等职业院校服务地方经济发展，从办学基本情况、办学规模、专业设置、师资、教育模式以及学生就业情况等方面进行调查研究，分析存在的问题，提出提升服务能力的建议。

## 第一节　高校服务地方经济与服务学生之间的辩证统一关系

### 一、教育与经济的互动关系

教育与经济之间存在着紧密而复杂的互动关系，一方面，教育对经济有着巨大的促进作用：一是教育能有效提供高素质劳动力。教育培养出具有专业知识和技能的人才，为经济发展提供高素质的劳动力资源。这些人才能够在不同的产业领域中发挥重要作用，提高生产效率和产品质量。随着经济的发展，对高技能、创新型人才的需求不断增加，教育成为满足这种需求的关键因素。例如，在科技产业中，需要大量具备理工科专业知识和创新能力的人才；在金融领域，需要精通经济、金融知识和具备数据分析能力的专业人士。二是教育推动科技创新。创新是当前经济发展的主要驱动因素，教育培养了人们的创新思维和研究能力，为科技创新提供了人才和智力支持。高校和科研机构是科技创新的重要力量，通过开展基础研究和应用研究，推动科技进步和产业升级，同时教育还促进了科技知识的传播和应用，使科技创新成果能够更快地转化为现实生产力。例如，企业与高校合作开展产学研项目，将高校的科研成果应用于实际生产中，提高企业的竞争力。三是教育能有效促进经济增长。教育可以提高劳动者的生产效率，从而促进经济增长。受过良好教育的劳动者能够更好地适应技术变革和市场需求的变化，提高工作质量和效率。教育还可以通过提高人们的消费能力和消费意愿，促进内需增长，推动经济发展。受过教育的人群通常具有更高的收入水平和更好的生活品质，他们对教育、文化、旅游等领域的消费需求也更高。四是教育提升了国家竞争力。当前，教育水平已成为衡量一个国家综合实力的重要指标之一。一个国家拥有高质量的教育体系，能够培养出大量的优秀人才，提高国家的科技创新能力和产业竞争力。在全球化背景下，国家之间的竞争越来越激烈，教育成为提升国家竞争力的关键因素。各国纷纷加大对教育的投入，提高教育质量，以培养更多适应国际竞争的人才。

另一方面，经济也对教育的发展产生巨大影响：一是经济为教育提供了物质基础。

经济发展为教育提供了包括教育经费、教学设施、师资队伍等必要的物质基础，经济实力越强的国家和地区，通常能够投入更多的资源用于教育发展。经济的发展还可以改善教育的办学条件，提高教育质量。例如，随着经济的发展，学校可以配备更先进的教学设备、建设更舒适的校园环境、吸引更优秀的教师。二是经济发展水平决定了教育的培养需求。在经济落后的地区，人们往往更关注生存问题，对教育的需求相对较低；而在经济发达的地区，人们对教育的重视程度更高，对优质教育资源的需求也更强烈，经济结构的变化也会影响教育需求的结构。随着产业结构的升级和转型，对不同专业和技能的人才需求发生变化，这就要求教育机构及时调整专业设置和课程体系，以满足经济发展的需求。三是经济的发展还会影响教育理念和模式。在市场经济条件下，教育更加注重培养学生的实践能力、创新能力和职业素养，以适应社会和市场的需求。经济的全球化和信息化也对教育产生了深远影响，促使教育更加注重国际交流与合作、信息技术的应用和跨学科教育。四是经济因素影响教育资源配置。经济发达地区通常能够吸引更多的优质教育资源，而经济落后地区则面临教育资源短缺的问题。政府和社会可以通过经济手段，如财政投入、税收优惠等，引导教育资源向薄弱地区和领域倾斜，促进教育公平和均衡发展。

总之，教育与经济之间存在着相互促进、相互制约的互动关系。只有实现教育与经济的良性互动，才能推动社会的持续发展和进步。

## 二、新时期高校的职能定位

新时期高校的职能定位主要包括以下几个方面：一是精准培养专业人才。高校能够根据地方经济的产业结构和发展需求，有针对性地设置专业和课程，培养出大量符合地方企业需求的技术技能型人才。这些人才具备扎实的专业知识和实践能力，能够迅速适应工作岗位，为地方企业的发展提供强有力的人才支持。二是缓解就业压力。为地方青年提供接受职业教育的机会，提高他们的就业竞争力，从而缓解地方就业压力；同时，培养的本土人才更倾向于留在当地就业，减少人才外流，为地方经济的稳定发展提供人力资源保障。三是促进技术创新。高校与地方企业、科研机构紧密合作，共同开展技术研发和创新。教师和学生可以参与企业的实际项目，将理论知识与实践相结合，为企业解决技术难题，推动地方产业的技术进步。同时，高校通过技术创新，可以帮助地方企业提高生产效率、降低成本、提升产品质量，促进地方产业的升级转型。例如，在智能制造、新能源、信息技术等领域，高校的技术创新可以为地方经济注入新的活力。四是开展社会服务。主要通过开展职业培训与提供技术咨询，为地方企业员工和社会人员提供各类职业培训和继续教育服务，提升他们的职业技能和综合素质。利用自身的专业优势和师资力量，能够为地方政府和企业提供技术咨询和决策支持。五是实现文化传承与创新。高校可以通过开设相关课程、举办文化活动等方式，传承和弘扬地方优秀传统文化；同时，将地方文化元素融入教育教学中，培养学生的文化认同感和归属感。高校还可以结合地方文化资源，开展文化创意产业的研究和实践，推动地方文化产业的发展。例如，开发具有地方特色的文化产品、旅游项目等，为地方经济增添新的增长点。

## 三、高校服务地方经济与服务学生之间的辩证关系

### （一）高校服务地方经济为学生提供更好的教学与就业资源

高校通过服务地方经济，与企业建立紧密的合作关系，能为学生提供更多的实习实训机会。学生在真实的工作环境中锻炼实践能力，积累工作经验，提升就业竞争力。同时，高校服务地方经济可以带来更多的资源和资金，投入学校的教学设施建设、师资队伍提升等方面，改善教学条件，为学生提供更优质的教育资源。高校服务地方经济后可有效促进产业升级，企业对人才的需求更加多样化和高端化，从而推动高校不断优化专业设置和课程体系，使学生所学知识更符合市场需求。

### （二）高校服务好学生有利于推动服务地方经济做实走深

高校培养出高素质的学生，这些学生毕业后进入地方企业工作，为地方经济发展注入新鲜血液和活力。他们带来新的理念、技术和思维，推动地方产业的发展。学生在校期间参与科研项目和创新创业活动，可能产生具有应用价值的成果，这些成果可以转化为地方经济发展的动力。服务好学生能提升高校的声誉和影响力，吸引更多优秀的学生报考，同时也能吸引更多的企业与高校合作，进一步促进地方经济的发展。

### （三）高校服务地方经济与服务学生之间相互制约

一方面，如果高校不能有效地服务地方经济，与企业合作不紧密，学生的实习实训机会就会减少，实践能力培养受到限制。同时，如果缺乏地方经济的支持，高校的资源和资金可能会紧张，影响教学质量和学生的学习体验。另一方面，如果高校不能培养出符合地方经济发展需求的学生，地方企业就难以获得所需的人才，影响地方经济的发展速度和质量。同时，学生对高校的满意度低，可能会影响高校的声誉，进而减少与地方企业的合作机会，不利于其服务地方经济。

总之，高校服务地方经济与服务学生是相辅相成、相互促进又相互制约的关系。高校应在两者之间找到平衡，实现共同发展。

## 第二节　长株潭高职院校服务地方经济发展的基本情况

截至2021年9月30日，湖南省共有各类高等职业院校76所，其中长株潭地区就有49所，约占全省职业院校数量的64.5%，包括国家示范性高等职业院校4所：湖南工业职业技术学院、湖南铁道职业技术学院、长沙民政职业技术学院与湖南交通职业技术学院，占全省的80%（全省共5所）；国家骨干高职院校2所：湖南大众传媒职业技术学院与湖南科技职业学院，占全省的50%（全省共4所）；省级示范性高职院校9所，约占全省的69.2%（全省共13所）。从地区分布来看，49所高职院校中，长沙35所，株洲8所，湘潭6所。以上数据表明，长株潭地区高职院校数量众多，办学总体规模较大。具体来看，长沙、株洲、湘潭各地的职业院校的数量高于其他地级市；全省高质量的高职院校多分布于长株潭地区，国家示范性高等职业院校、国家骨干高职院校、省级示范性高职院校大部分集中于此。长株潭地区已成为湖南省高职院校分布的重要版块，是全省高职教育服务经济发展的主力军。

### 一、长株潭高职院校办学规模

本节选取长株潭地区38所高职院校，对其办学规模等基本情况进行分析，如表6-1所示。截至2021年9月30日，38所高职院校共有在校生人数约30万人，校园面积约为2.45万亩，建筑面积达770万平方米，固定资产约为143亿元，校内外各类实训基地4716个。生均校园面积约0.08亩，生均建筑面积约26.09平方米，每百人拥有实训中心或基地数量约1.60个，生均拥有教学仪器价值约0.46万元。以上数据均达到高职院校评估中的合格标准，说明长株潭地区高职院校办学规模适中，办学硬件基础设施能适应人才培养的需要，特别是97%以上的院校均建有实训中心或基地，凸显了高职院校教学中重技能、重动手能力培养的教育理念。

**表6-1　长株潭38所高职院校办学规模表**

| 学校名称 | 学生数/百人 | 总面积/亩 | 建筑面积/万平方米 | 固定资产/亿元 | 教学仪器总价值/亿元 | 校内外实训中心或基地数量/个 | 图书馆藏书总册数/万册 |
|---|---|---|---|---|---|---|---|
| 长沙航空职业技术学院 | 88 | 800 | 30 | 2.86 | 0.69 | 49 | 60 |
| 长沙民政职业技术学院 | 170 | 1217 | 45 | 7.90 | 0.90 | 334 | 156 |
| 湖南工业职业技术学院 | 120 | 1031 | 38 | 6.78 | 0.99 | 168 | 85 |

续表

| 学校名称 | 学生数/百人 | 总面积/亩 | 建筑面积/万平方米 | 固定资产/亿元 | 教学仪器总价值/亿元 | 校内外实训中心或基地数量/个 | 图书馆藏书总册数/万册 |
|---|---|---|---|---|---|---|---|
| 湖南大众传媒职业技术学院 | 100 | 700 | 28 | 3.50 | 0.25 | 40 | 30 |
| 湖南信息职业技术学院 | 88 | 1000 | 40 | 4.13 | 0.41 | 49 | 60 |
| 湖南工程职业技术学院 | 100 | 460 | 16 | 3.18 | 0.40 | 159 | 40 |
| 湖南信息科学职业学院 | 100 | 1000 | 30 | 3.78 | 0.37 | 159 | – |
| 湖南水利水电职业技术学院 | 53 | 625 | 13 | 2.98 | 0.22 | 87 | 57 |
| 湖南现代物流职业技术学院 | 57 | 400 | 14 | 1.70 | 0.16 | 143 | – |
| 长沙职业技术学院 | 70 | 361 | 8 | 1.78 | 0.18 | 26 | – |
| 长沙电力职业技术学院 | 36 | 460 | 10 | 4.00 | 0.40 | 112 | 19 |
| 湖南司法警官职业学院 | 30 | 2000 | 70 | 6.12 | 0.41 | – | – |
| 湖南网络工程职业学院 | 60 | 264 | 9 | 15.9 | 0.44 | 50 | 31 |
| 长沙商贸旅游职业技术学院 | 65 | 406 | 18 | 8.28 | 0.49 | 165 | 20 |
| 湖南对外经济贸易职业学院 | 60 | 706 | 22 | 6.89 | 0.32 | 500 | 32 |
| 湖南交通工程职业技术学院 | 120 | 940 | 38 | 5.00 | 0.61 | 267 | 50 |
| 长沙通信职业技术学院 | 36 | 251 | 13 | 1.36 | 0.44 | 92 | 29 |
| 湖南交通职业技术学院 | 50 | 890 | 27 | 7.28 | 0.47 | 162 | 65 |
| 长沙南方职业学院 | 120 | 1000 | 30 | 5.00 | 0.24 | 79 | 47 |
| 保险职业学院 | 60 | 157 | 10 | 1.09 | 0.10 | 98 | 33 |
| 长沙环境保护职业技术学院 | 74 | 550 | 17 | 3.23 | 0.40 | 141 | – |
| 湖南都市职业学院 | 70 | 400 | 12 | 2.00 | 0.21 | 110 | 50 |
| 湖南安全技术职业学院 | 45 | 100 | 10 | 1.23 | 0.28 | 60 | 32 |
| 湖南科技职业学院 | 88 | 548 | 26 | 1.32 | 0.43 | 286 | 59 |
| 湖南体育职业学院 | 27 | 689 | 11 | 2.45 | 0.38 | 40 | – |
| 湖南外国语职业学院 | 70 | 397 | 17 | 1.46 | 0.18 | 14 | – |
| 湖南生物机电职业技术学院 | 100 | 2070 | 23 | 1.60 | 0.40 | 418 | 100 |
| 湖南铁道职业技术学院 | 96 | 377 | 22 | 3.10 | 0.46 | 122 | 62 |
| 湖南化工职业技术学院 | 50 | 230 | 10 | 0.50 | 0.17 | 48 | 22 |
| 湖南铁路科技职业技术学院 | 98 | 497 | 20 | 6.00 | 0.60 | 91 | 30 |
| 株洲职业技术学院 | 115 | 784 | 20 | 3.53 | 0.32 | 109 | 29 |

续表

| 学校名称 | 学生数/百人 | 总面积/亩 | 建筑面积/万平方米 | 固定资产/亿元 | 教学仪器总价值/亿元 | 校内外实训中心或基地数量/个 | 图书馆藏书总册数/万册 |
|---|---|---|---|---|---|---|---|
| 湖南城建职业技术学院 | 105 | 300 | 10 | 3.14 | 0.31 | 5 | 25 |
| 湖南软件职业学院 | 70 | 1000 | 12 | 2.11 | 0.15 | - | - |
| 湖南理工职业技术学院 | 40 | 202 | 9 | 1.90 | - | 58 | 13 |
| 湘潭医卫职业技术学院 | 130 | 450 | 13 | 5.00 | 0.47 | 300 | 30 |
| 湖南科技工业职业技术学院 | 40 | 200 | 6 | 2.12 | 0.12 | 1 | - |
| 湖南电气职业技术学院 | 50 | 422 | 8 | 1.56 | 0.23 | 68 | - |
| 湖南电子科技职业学院 | 100 | 618 | 15 | 1.12 | 0.12 | 106 | - |
| 合计 | 2951 | 24502 | 770 | 142.88 | 13.72 | 4716 | 1266 |

## 二、长株潭高职院校专业设置情况

人才培养是高职院校服务地方经济发展的主要任务。人才培养要适应地方经济发展，关键是专业设置要与区域经济发展对各类专业人才的需求相匹配。对长株潭地区 38 所高职院校的专业设置情况进行梳理，将各学院主要设置的专业按与经济发展的密切程度分为环境保护类、农林牧渔类、地质水利类、通信及信息类、经济管理与教育类、新闻出版与艺术类、加工制造类、医卫类等。

对长株潭地区 38 所高职院校的专业设置情况进行统计，结果如表 6-2 所示。

**表 6-2　长株潭 38 所高职院校专业开设情况（单位：个）**

| 学校名称 | 环保保护类 | 农林牧渔类 | 通信及信息类 | 地质水利类 | 加工制造类 | 经管、教育、新闻出版、艺术、医卫类 |
|---|---|---|---|---|---|---|
| 长沙航空职业技术学院 | 0 | 0 | 4 | 0 | 29 | 6 |
| 长沙民政职业技术学院 | 0 | 0 | 4 | 0 | 0 | 19 |
| 湖南铁道职业技术学院 | 0 | 0 | 8 | 0 | 6 | 11 |
| 湖南工业职业技术学院 | 0 | 0 | 10 | 0 | 10 | 9 |
| 湖南大众传媒职业技术学院 | 0 | 0 | 5 | 0 | 4 | 21 |
| 湖南信息职业技术学院 | 0 | 0 | 15 | 0 | 6 | 7 |
| 湖南工程职业技术学院 | 0 | 0 | 11 | 0 | 0 | 20 |

续表

| 学校名称 | 环保保护类 | 农林牧渔类 | 通信及信息类 | 地质水利类 | 加工制造类 | 经管、教育、新闻出版、艺术、医卫类 |
|---|---|---|---|---|---|---|
| 湖南化工职业技术学院 | 0 | 0 | 3 | 0 | 16 | 7 |
| 湖南城建职业技术学院 | 0 | 0 | 0 | 0 | 3 | 6 |
| 湖南信息科学职业学院 | 0 | 0 | 11 | 0 | 0 | 20 |
| 湖南软件职业学院 | 0 | 0 | 8 | 0 | 0 | 15 |
| 湖南水利水电职业技术学院 | 0 | 0 | 9 | 10 | 0 | 3 |
| 湖南理工职业技术学院 | 0 | 0 | 1 | 0 | 2 | 6 |
| 湖南铁路科技职业技术学院 | 0 | 0 | 7 | 0 | 7 | 7 |
| 湖南现代物流职业技术学院 | 0 | 0 | 1 | 0 | 0 | 15 |
| 长沙职业技术学院 | 1 | 0 | 2 | 0 | 1 | 10 |
| 长沙电力职业技术学院 | 0 | 0 | 5 | 0 | 3 | 2 |
| 株洲职业技术学院 | 0 | 0 | 7 | 0 | 2 | 7 |
| 湖南司法警官职业学院 | 0 | 0 | 0 | 0 | 0 | 0 |
| 湖南网络工程职业学院 | 0 | 0 | 4 | 0 | 3 | 13 |
| 长沙商贸旅游职业技术学院 | 0 | 0 | 5 | 0 | 0 | 23 |
| 湖南对外经济贸易职业学院 | 0 | 0 | 7 | 0 | 5 | 19 |
| 湖南交通工程职业技术学院 | 0 | 0 | 3 | 0 | 11 | 6 |
| 长沙通信职业技术学院 | 0 | 0 | 11 | 0 | 0 | 4 |
| 湖南交通职业技术学院 | 0 | 0 | 2 | 4 | 15 | 5 |
| 湘潭医卫职业技术学院 | 0 | 0 | 2 | 0 | 1 | 3 |
| 湖南科技工业职业技术学院 | 0 | 0 | 3 | 0 | 2 | 1 |
| 长沙南方职业学院 | 0 | 0 | 9 | 2 | 4 | 17 |
| 保险职业学院 | 0 | 0 | 0 | 0 | 0 | 23 |
| 长沙环境保护职业技术学院 | 12 | 0 | 4 | 0 | 0 | 11 |
| 湖南电子科技职业学院 | 0 | 0 | 2 | 0 | 0 | 7 |
| 湖南都市职业学院 | 0 | 0 | 0 | 7 | 12 | 9 |
| 湖南安全技术职业学院 | 0 | 0 | 9 | 0 | 6 | 4 |
| 湖南科技职业学院 | 3 | 0 | 0 | 0 | 10 | 17 |

续表

| 学校名称 | 环保保护类 | 农林牧渔类 | 通信及信息类 | 地质水利类 | 加工制造类 | 经管、教育、新闻出版、艺术、医卫类 |
|---|---|---|---|---|---|---|
| 湖南体育职业学院 | 0 | 0 | 0 | 0 | 0 | 7 |
| 湖南外国语职业学院 | 0 | 0 | 2 | 0 | 0 | 10 |
| 湖南电气职业技术学院 | 0 | 0 | 1 | 0 | 2 | 5 |
| 湖南生物机电职业技术学院 | 0 | 15 | 7 | 0 | 7 | 7 |

对长株潭地区38所高职院校开设的各类专业进行分析，有3所学校开设了环境保护类专业，1所学校开设了农林牧渔类专业，32所学校开设了通信及信息类专业，4所学校开设了地质水利类专业，24所学校开设了加工制造类专业，37所学校开设了经管、教育、新闻出版、艺术、医卫类专业。

## 三、长株潭高职院校师资情况

师资是高职院校开展高等职业教育的核心资源，师资实力直接反映了学校的办学能力与办学水平。从2021年长株潭38所高职院校公开数据（如表6-3）来看，38所院校共有专任教师15488名，副高以上职称4313人，约占27.8%，其中省级以上教学名师、专业带头人、青年骨干教师356人，约占2.3%；大部分院校的师资中均有一定比例的“双师型”教师，其中有20所院校“双师型”教师比例超过50%。

**表6-3　长株潭38所高职院校师资情况**

| 学校名称 | 师资总数/人 | 副高及以上人数/人 | 双师型教师比例/% | 省级以上教学名师、专业带头人、青年骨干教师/人 |
|---|---|---|---|---|
| 长沙航空职业技术学院 | 389 | 198 | – | 26 |
| 长沙民政职业技术学院 | 864 | 260 | 50% | 31 |
| 湖南铁道职业技术学院 | 396 | 142 | 80% | 33 |
| 湖南工业职业技术学院 | 448 | 168 | 50% | 19 |
| 湖南大众传媒职业技术学院 | 364 | 128 | – | – |
| 湖南信息职业技术学院 | 228 | 105 | 53% | 3 |
| 湖南工程职业技术学院 | 370 | – | 60% | 6 |
| 湖南化工职业技术学院 | 228 | 76 | 75% | – |

续表

| 学校名称 | 师资总数/人 | 副高及以上人数/人 | 双师型教师比例/% | 省级以上教学名师、专业带头人、青年骨干教师/人 |
|---|---|---|---|---|
| 湖南城建职业技术学院 | 528 | 196 | 45% | 5 |
| 湖南信息科学职业学院 | 587 | 115 | 70% | 2 |
| 湖南软件职业学院 | 213 | 40 | 48% | – |
| 湖南水利水电职业技术学院 | 300 | 60 | 32% | 19 |
| 湖南理工职业技术学院 | 194 | 37 | 31% | 4 |
| 湖南铁路科技职业技术学院 | 475 | 237 | 82% | 30 |
| 湖南现代物流职业技术学院 | 395 | 86 | 30% | 4 |
| 长沙职业技术学院 | 334 | 60 | 60% | – |
| 长沙电力职业技术学院 | 210 | 89 | 35% | 2 |
| 株洲职业技术学院 | 400 | 160 | 75% | 5 |
| 湖南司法警官职业学院 | 200 | 40 | – | – |
| 湖南网络工程职业学院 | 308 | 141 | 42% | 12 |
| 长沙商贸旅游职业技术学院 | 316 | 114 | 36% | 13 |
| 湖南对外经济贸易职业学院 | 411 | 94 | 26% | 6 |
| 湖南交通工程职业技术学院 | 555 | 224 | – | – |
| 长沙通信职业技术学院 | 138 | 102 | 62% | 5 |
| 湖南交通职业技术学院 | 511 | 208 | – | 19 |
| 湘潭医卫职业技术学院 | 460 | 220 | 63% | – |
| 湖南科技工业职业技术学院 | 150 | 35 | 53% | – |
| 长沙南方职业学院 | 400 | 130 | 65% | 6 |
| 保险职业学院 | 276 | 100 | 70% | 3 |
| 长沙环境保护职业技术学院 | 519 | 140 | 70% | 7 |
| 湖南都市职业学院 | 523 | 95 | 34% | 12 |
| 湖南电子科技职业学院 | 500 | – | 30% | – |
| 湖南安全技术职业学院 | 300 | 80 | 17% | 27 |
| 湖南科技职业学院 | 614 | 114 | 61% | 21 |
| 湖南体育职业学院 | 769 | 50 | 30% | 19 |

续表

| 学校名称 | 师资总数/人 | 副高及以上人数/人 | 双师型教师比例/% | 省级以上教学名师、专业带头人、青年骨干教师/人 |
|---|---|---|---|---|
| 湖南外国语职业学院 | 400 | 80 | 69% | 7 |
| 湖南电气职业技术学院 | 280 | – | 81% | – |
| 湖南生物机电职业技术学院 | 935 | 189 | 75% | 10 |

## 四、长株潭高职院校教育模式

职业教育作为国家教育类别中不可或缺的重要部分，越来越受到社会的关注，目前国内外高等职业教育模式主要有以下五类：学校主体式、企业主体式、双元制式、教学工厂式、TAFE 模式（学校+资格证书模式）。这些模式均非常强调技能的培养，不同程度地注重工学结合在人才培养中的应用。为此，针对选取的长株潭地区 38 所高职院校，从工学结合培养模式情况、校内外实训基地数量情况、成立职教集团情况，以及校办企业与订单培养的专业数情况进行比较分析，其详细情况如表 6–4 所示。

**表 6–4　长株潭 38 所高职院校教育模式**

| 学校名称 | 是否工学结合 | 校内外实训基地数量/家 | 是否成立职教集团 | 校办企业数量/家 | 订单培养的专业数/个 |
|---|---|---|---|---|---|
| 长沙航空职业技术学院 | 否 | 49 | 否 | 0 | 12 |
| 长沙民政职业技术学院 | 是 | 334 | 否 | 0 | 0 |
| 湖南铁道职业技术学院 | 是 | 122 | 是 | 0 | 0 |
| 湖南工业职业技术学院 | 是 | 168 | 是 | 0 | 0 |
| 湖南大众传媒职业技术学院 | 是 | 40 | 否 | 0 | 14 |
| 湖南信息职业技术学院 | 否 | 49 | 否 | 0 | 6 |
| 湖南工程职业技术学院 | 否 | 159 | 是 | 6 | 19 |
| 湖南化工职业技术学院 | 是 | 48 | 否 | 0 | 2 |
| 湖南城建职业技术学院 | 是 | 5 | 否 | 0 | 4 |
| 湖南信息科学职业学院 | 否 | 159 | 是 | 6 | 19 |
| 湖南软件职业学院 | 是 | – | 否 | 0 | 1 |
| 湖南水利水电职业技术学院 | 是 | 87 | 否 | 0 | 10 |
| 湖南理工职业技术学院 | 是 | 58 | 是 | 1 | 10 |

续表

| 学校名称 | 是否工学结合 | 校内外实训基地数量/家 | 是否成立职教集团 | 校办企业数量/家 | 订单培养的专业数/个 |
|---|---|---|---|---|---|
| 湖南铁路科技职业技术学院 | 否 | 91 | 否 | 0 | 14 |
| 湖南现代物流职业技术学院 | 是 | 143 | 否 | 0 | 9 |
| 长沙职业技术学院 | 是 | 26 | 否 | 0 | 0 |
| 长沙电力职业技术学院 | 否 | 112 | 否 | 0 | 4 |
| 株洲职业技术学院 | 是 | 109 | 是 | 3 | 0 |
| 湖南司法警官职业学院 | 是 | - | 否 | 0 | 14 |
| 湖南网络工程职业学院 | 是 | 50 | 是 | 0 | 2 |
| 长沙商贸旅游职业技术学院 | 否 | 165 | 否 | 0 | 6 |
| 湖南对外经济贸易职业学院 | 否 | 500 | 否 | 0 | 1 |
| 湖南交通工程职业技术学院 | 否 | 267 | 否 | 0 | 20 |
| 长沙通信职业技术学院 | 否 | 92 | 否 | 0 | 8 |
| 湖南交通职业技术学院 | 否 | 162 | 否 | 0 | 3 |
| 湘潭医卫职业技术学院 | 是 | 300 | 是 | 1 | 6 |
| 湖南科技工业职业技术学院 | 是 | 1 | 否 | 0 | 11 |
| 长沙南方职业学院 | 否 | 79 | 否 | 1 | 6 |
| 保险职业学院 | 否 | 98 | 是 | 0 | 23 |
| 长沙环境保护职业技术学院 | 否 | 141 | 否 | 0 | 27 |
| 湖南电子科技职业学院 | 是 | 106 | 否 | 0 | 0 |
| 湖南都市职业学院 | 否 | 110 | 否 | 0 | 27 |
| 湖南安全技术职业学院 | 否 | 60 | 否 | 0 | 6 |
| 湖南科技职业学院 | 否 | 286 | 否 | 0 | 30 |
| 湖南体育职业学院 | 否 | 40 | 否 | 0 | 7 |
| 湖南外国语职业学院 | 否 | 14 | 否 | 0 | 0 |
| 湖南电气职业技术学院 | 是 | 68 | 是 | 0 | 12 |
| 湖南生物机电职业技术学院 | 否 | 418 | 否 | 0 | 15 |

从表 6-4 中可以看出，有 18 所院校明确将工学结合的教育模式作为培养学生的主要方式，约占 47.4%。所有学校均设有校内外实训基地，总数达 4716 个。有 10 所院校成立了职教集团，进一步加强高职院校对行业的辐射与带动能力，约占 26.3%。31 所学校开

设了订单培养专业，约占81.6%。

## 五、长株潭高职院校学生就业情况

高职院校学生的就业率是体现其培养技能型人才实际成果的重要体现，对长株潭38所高职院校的就业率情况进行分析（如表6-6），其就业率均在90%以上，平均就业率水平高达94%，体现了较好的人才培养效果。

**表6-6　长株潭38所高职院校学生就业情况统计表**

| 学校 | 就业率/% | 学校 | 就业率/% |
| --- | --- | --- | --- |
| 长沙航空职业技术学院 | 90% | 湖南网络工程职业学院 | 90% |
| 长沙民政职业技术学院 | 95% | 长沙商贸旅游职业技术学院 | 92% |
| 湖南铁道职业技术学院 | 95% | 湖南对外经济贸易职业学院 | 90% |
| 湖南工业职业技术学院 | 90% | 湖南交通工程职业技术学院 | 91% |
| 湖南大众传媒职业技术学院 | 90% | 长沙通信职业技术学院 | 95% |
| 湖南信息职业技术学院 | 90% | 湖南交通职业技术学院 | 91% |
| 湖南工程职业技术学院 | 95% | 湘潭医卫职业技术学院 | 95% |
| 湖南化工职业技术学院 | 99% | 湖南科技工业职业技术学院 | 98% |
| 湖南城建职业技术学院 | 94% | 长沙南方职业学院 | 90% |
| 湖南信息科学职业学院 | 95% | 保险职业学院 | 92% |
| 湖南软件职业学院 | 98% | 长沙环境保护职业技术学院 | 94% |
| 湖南水利水电职业技术学院 | 95% | 湖南都市职业学院 | 98% |
| 湖南理工职业技术学院 | 95% | 湖南电子科技职业学院 | 90% |
| 湖南铁路科技职业技术学院 | 98% | 湖南生物机电职业技术学院 | 98% |
| 湖南现代物流职业技术学院 | 95% | 湖南安全技术职业学院 | 90% |
| 长沙职业技术学院 | 93% | 湖南科技职业学院 | 90% |
| 长沙电力职业技术学院 | 90% | 湖南体育职业学院 | 90% |
| 株洲职业技术学院 | 95% | 湖南外国语职业学院 | 95% |
| 湖南司法警官职业学院 | 100% | 湖南电气职业技术学院 | 98% |

## 第三节　长株潭高职院校服务地方经济发展存在的问题

通过对长株潭38所高职院校的基本情况、办学规模、专业设置、师资、教育模式以及学生就业情况进行分析，可以发现长株潭地区高职教育在全国有一定的影响力。截至2021年9月30日，长株潭地区的湖南工业职业技术学院、长沙民政职业技术学院、湖南铁道职业技术学院、湖南交通职业技术学院已经通过国家示范性高等职业院校建设项目验收。湖南科技职业学院、湖南大众传媒职业学院成为“国家示范性高等职业院校建设计划”骨干高职高专院校立项建设单位。以这些高职院校为龙头，长株潭地区高等职业教育在高技能人才培养、科技研发、服务地方经济社会发展等方面取得了较大成绩，各高职院校的综合实力和社会地位有了大幅提升。随着长株潭三市融城的基础设施日益完善，三市职业教育一体化的政治和经济条件日渐成熟。

尽管长株潭地区高职教育取得了较大的成绩，但相比江浙一带的高职教育发展水平仍相距甚大。特别是高等职业院校服务地方经济发展的能力不足，具体体现在以下几个方面。

### 一、学校专业设置与经济发展定位的错位矛盾突出

国家发展职业教育的一个主要目的是为经济发展服务。高职院校要主动适应经济和社会发展的需要，找准学校在地方经济和行业发展中的位置，培养面向地方经济社会生产、建设、管理、服务第一线需要的高技能人才。长株潭高职院校经过十几年的发展，形成了与地方经济发展基本相适应的工、文、经、管四大门类专业结构。然而，面对经济建设，长株潭三市提出在经济发展上，将着力推进新型工业化。长沙作为长株潭最具潜力的产业增长中心，以高新技术产业和第三产业为重点，特别是要发展壮大以电子信息为主的高新技术产业；加快发展金融、科技、教育、文化、信息、旅游业，着重构筑现代科教中心、商贸中心、文化中心及信息中心。

株洲作为有基础优势的工业中心，要依托自身的交通中心地位，增创工业新优势，重点改造提升交通设备制造、有色冶金业、化工业、食品加工业、陶瓷业、建材业，培育发展新材料、医药保健制品、电子信息业、先进制造技术和环保节能降耗等高新技术产业。湘潭要加速黑色冶金、精细化工、机械、建材、纺织及原料等传统工业的优化升级，努力培育光机电一体化等高新技术产业和教育、文化、旅游等第三产业，力争建成新型的加工工业中心和新兴的科教基地。

结合三市经济发展的规划和高职院校现有专业设置，不难看出学校专业设置与经济发展规划错位的矛盾十分突出，主要表现在以下两个方面。

一是专业设置与地方经济发展和产业规划有一定差距。虽然长株潭地区高职院校的专业基本覆盖了工、文、经、管四大门类，但在交通设备制造、有色冶金业、食品加工业、陶瓷业、纺织业等传统产业，以及先进制造技术和环保节能降耗等高新技术产业方面还稍显不足，如纺织业及相关原料加工等工业领域是湘潭市优先发展的产业，但长株潭境内无一所学校开设了相关专业。另外在长株潭产业结构中，第一产业农业在经济中仍占有较大的比重，而开设涉农专业的高职院校只有 1 所，这显然与农业产业在长株潭经济中的地位不匹配，不利于农业的发展。

二是专业设置与经济发展对人才的要求存在比较严重的错位。长株潭三市大力发展现代制造业、环保产业和可再生能源产业，而这些工作的开展需要大量掌握先进的低碳生产制造工艺的人才。三市高职院校开设的工科类专业更多面向传统的加工业，对新型装备制造业支撑不够，风能发电、光伏制造与发电、航空制造等产业缺少足够的专业人才。

## 二、高水平的“双师型”教师数量有待进一步增加

近几年，经济和社会的发展极大地促进了高职教育规模的扩大，而规模的扩大使得学校教师，特别是高水平“双师型”教师奇缺。高水平“双师型”教师是高等职业院校培养人才与实施技术创新的核心人才，从选取的长株潭 38 所高职院校公开数据来看，共有专任教师 15488 名，其中省级以上教学名师、专业带头人、青年骨干教师 356 人，仅占 2.3%，师资中“双师型”教师的平均比例低于 50%，特别是既有一定的理论知识，又有丰富的行业经验的高水平“双师型”教师数量少。同时，相当一部分高职院校的“双师型”教师从教以后不注重主动去企业、行业中继续深造，而且目前大部分高职院校对教师深入企业带薪学习缺少足够的政策支持，久而久之，“双师型”教师对行业中一些新的技术缺少足够的了解，从而缺少教学与科学研究的能力，高水平的“双师型”教师也就很难成长起来。

## 三、实训基础设施不足

工学结合的教学模式是高职院校培养学生的重要方式，德国等高等职业教育发达国家将该教学模式视为职业院校培养学生的关键，取得了非常好的效果。近年来，长株潭地区高职院校也在大力探索推进该模式，从 38 所职业院校的情况来看，有 18 所明确将工学结合的教育模式作为培养学生的主要方式；有 10 所成立了职教集团；有 31 所开设了订

单培养专业。但目前困扰工学结合教学模式进一步开展的是各院校的实训基础设施不足，实训设施的利用率不高。各高职院校均设有实训基地，分成两类，一类是校外基地，在企业中，产权不属于学校，由于企业要生产，校内学生想常态化地到校外实训基地学习难度较大；另一类是校内基地，学校有产权，但由于国家及地方对实训基地建设的资金投入不足，相当一部分实训基地设施陈旧，利用率低。

### 四、学生本地就业率有待进一步提高

长株潭地区高职院校的一项重要任务是为本地经济发展输送技能型人才，因此人才培养应以“依托长株潭，服务湖南”为目标，力求为地方经济建设培养适用人才。从选取的38所高职院校来看，虽然各学院的就业率均在90%以上，但有相当一部分学生的就业企业不在长株潭。一方面，各学院建立的就业基地绝大多数在珠江三角洲和长江三角洲，学院与企业签订的订单培养协议也多半来自上述地区；另一方面，由于就业机会、薪资水平等因素，大部分学生毕业后选择在东南沿海就业，以湖南理工职业技术学院为例，毕业生在长株潭本地就业的比例在40%以下。这些因素造成了学校整体的就业率高，但能够服务地方经济的毕业生很少。“就业导向”和服务地方经济的办学定位错位严重。

## 第四节　提升长株潭高职院校服务地方经济发展的对策建议

### 一、适时调整学校专业结构与课程结构

为地方经济建设和社会发展培养技能型人才是高职院校发展的首要目标。在长株潭地区乃至湖南省的经济建设中，高职院校应该本着“地方经济增长点在哪里，我们就应把专业办到哪里”的原则，从产业经济发展对人才的需求入手，着力打造与经济建设紧密联系的特色职业教育，切实推进湖南省职业教育发展。当前，长株潭地区高职院校应立足本地的产业规划，进一步扩大通信、计算机、加工制造类等工科专业数量，开设一批与三市未来产业发展目标相匹配的热门专业，如风力发电技术、新能源技术、航空设备制造技术、纺织技术等相关专业，优化一批传统工科专业的课程结构，如机械制造、化学化工、有色冶金、建筑工程等；加大对经管、教育、新闻出版、艺术、医卫类专业的整合，对一些职业学院就业率不高的传统专业逐渐缩减招生数量。

## 二、加大“双师型”人才的引进与培养力度

“双师型”教师是高职院校最核心的教学资源，要主动适应技能型人才培养的需要。在教师培养方面，要树立“教授手上要有油”的理念。重点采取定期组织选派教师到企业顶岗实训进修，鼓励教师取得技能证书，参与企业技术开发与服务，提高教师的实践操作技能和实践教学能力。在教师引进方面，重点引进一批企业高级技工、技师等工程技术人员作为学校的兼职教师，不定期地聘请专业大师来校开讲座。面向全国甚至全球聘请高水平大师，加大对有突出贡献的人才的奖励力度，真正实施人才强校工程，以此促进高职院校人才培养和人力资源的有效开发。

## 三、加强高职院校优质教学资源共享

长株潭地区高职教育虽在省内职业教育中处于领先地位，但相比沿海等发达地区的职业教育还有差距，特别是缺少一批在全国职业教育中有一定知名度的精品课程与实训基地。要发挥地方政府、高职院校与企业的积极性，投入一定的财力、人力与物力，建设一批高水平的精品课程与实训基地。同时，长株潭地区高职院校要树立“资源节约”理念，在人才培养中充分利用校内和校外优质精品课程资源，实现三市内高职院校优质课程资源的共享，使优质课程资源服务于本校人才的培养、服务于其他学校的人才培养、服务于社会人员的培训。另外，要面向学生、面向社会，提高学校实验室的使用效率，使校内生产性实训基地真正发挥作用。校企要建立共同育人的战略联盟，使企业除了在解决学校实践教学、学生工学结合实习实训外，还能够深层次地参与学校专业建设和人才培养的全过程，共同打造长株潭地区人力资源培训基地。

## 四、面向地方经济发展特色培养“下得去、留得住、用得上”的应用型人才

长株潭职业教育在经济建设中要解决“以就业为导向”的培养定位和服务地方经济的目的等矛盾问题，提高学生在本地或本省的就业率。应采取以下措施：一是要考虑地方经济特点和需要，面向长株潭地区主导产业和优势产业，主动调整专业结构，使学院培养的学生能够在本省经济建设中用得上，才能留得住。二是加大与本省或本地的各大企业的人才培养需求对接力度，签订一批本地化的人才培养订单。三是对学生进行“感恩、责任、忠诚、奉献”的职业道德教育和就业创业教育，使学生积极服务家乡本土经济建设。四是积极参与本土人力资源开发，组织企业员工培训、农村劳动力转移培训、社会再就业培训和农民农业技能培训与相关技能鉴定，使本土人口资源变为本土人才资源，服务本土经济建设。

## 五、培养行业内有一定影响力的职教集团

一是要加强校企合作法律法规建设。目前长株潭地区的高职院校在校企合作方面已经开展了大量的实践，也取得了丰硕的成果。湖南工业职业技术学院、长沙民政职业技术学院等“国家示范性高等职业院校”在校企合作方面进行了大量的、深入的实践。然而，校企合作的深入开展也遇到了一些困难，如各专业校企合作实施的深度、广度不一，企业很少将他们的技术开发项目交给高职院校解决，企业技术案例进入教学过程的时间较长，企业技术人员实质性参与教学过程存在许多制度上的困难，等等。要解决这些困难，只有通过校企合作立法解决。目前已经有宁波、厦门等地方政府制定了促进校企合作的法律法规。长株潭高职教育校企合作法律法规建设可以进一步明确高职院校和企业在校企合作中的义务与责任，使校企合作成为参与各方的自觉行动。

二是确保校企合作经费支持。当前，长株潭地区高职院校校企合作的经费主要由学院的教学费用支出，没有企业安排专门用于校企合作的经费。因此，长株潭地区高职院校在校企合作中遇到了诸多经费上的问题。下一步可以考虑由政府或者企业所在行业管理部门建立支持校企合作开展的专项基金，通过项目申报制度，加大政府对学校与企业合作开展技术研发的支持力度。

三是创新校企合作模式。目前长株潭地区高职院校与企业的合作模式主要是高职院校以己方为主，吸引企业人员参加并组建校企合作委员会之类的组织以领导校企双方的合作；或成立职业教育集团，双方联合领导校企合作的具体事务。这些模式不能充分激发企业开展校企合作的主动性。下一步可以考虑如下方式来创新合作模式，鼓励企业以某种方式实质性进入高职院校的管理层；在几个产业相对集中的区域设立若干有多所高职院校和企业参加的区域性专业技能实践基地，政府、高职院校和企业可以对这些实训基地集中投入，提高资金使用效率，建成国内一流的实践教学基地。

# 第七章　以服务地方经济为驱动的应用型本科院校教学质量评价

截至 2024 年 6 月 20 日，全国共有 1308 所本科院校，其中隶属于地方政府的约占 91%。这些地方高校作为人才培养、科技创新、社会服务和文化传播的主要机构，其建设发展与地方经济社会发展相联系。高校不仅要服务地方经济，主动融入地方经济，而且要不断提高服务能力和服务质量，实现双方的互动协调发展。应用型本科院校要从服务国家经济社会，特别是服务地方经济发展的高度来看待学科定位的问题，在办学方向上，要牢固树立为地方经济社会发展服务的意识，与地方经济社会发展需求相结合。为此，相关学者就应用型本科院校服务地方经济的地位、作用、内容、策略、模式与途径等方面开展了积极有益的探索。成丙炎、朱红（2008）分别从广义和狭义的视角挖掘了高校社会服务的内涵；刘卫华（2011）基于人才培养的视角，从专业设置、生源地、培训区域、就业区域 4 个方面分析了云南新建地方本科院校服务地方经济的现状。然而，就应用型本科院校服务效果如何测试，相关研究成果较少。李凡（2011）以上海杨浦区为研究区域，以社会需求为研究视角，建立了包括人才培训服务、科研技术服务、专家咨询服务、文化资源服务 4 大类的评价指标体系；陈东冬、李志宏（2016）结合新建本科院校师资队伍建设的特点，设计了适应转型发展需要的师资队伍评价指标体系。本章试从高校基本职能即人才培养、科学研究与社会服务出发，构建一套较为全面翔实的评价指标体系，以推进高校与地方经济的有效对接。

## 第一节　应用型本科院校服务地方经济评价指标体系构建

研究高校社会服务职能，首先需考虑高校人才培养和科学研究职能，脱离这两个职能，高校社会服务职能只能成为空壳。社会服务职能有广义与狭义之分，广义的社会服务是指为社会所进行的人才培养、科学研究和社会服务；狭义的社会服务则是指高等学校利用自身优势为社会提供的直接服务活动。它不是通过人才培养或科研成果的转化等间接方式进行，而是利用自身的资源直接投身于地方社会各个方面的建设和发展。① 本节结合高校的基本职能，将应用型本科院校服务社会、服务地方经济的内容分为直接服务职能与间接服务职能。

## 一、应用型本科院校直接服务职能

直接服务职能是指应用型本科院校与地方经济社会直接融合，开展社会培训、进行校企合作项目研究与提供就业人才等。其中，社会培训是指应用型本科院校利用自身资源优势，开展服务于全民学习、终身学习的继续教育以及面向行业、企业开展社会培训；校企合作项目研究是指学校与企业在产学研方面进行深度整合，参与当地企业、科研机构、政府等项目的研究与开发；提供就业人才是指应用型本科院校为地方培养应用型专业人才。由于地方应用型本科院校的毕业生对本区域的宏观经济环境、行业发展水平、区域经济政策等较非本地毕业生更加熟悉与了解，并形成了一定的地区归属感，如能实现本地就业，将产生良好的社会和经济效应。

## 二、应用型本科院校间接服务职能

间接服务职能是指应用型本科院校在校园内部通过开展应用型本科教育为地方经济的建设发展提供应用型专业储备人才，通过教师的科学研究与成果推广，为当地政府、企业、行业、研究机构提供政策制定、方案分析、对策拟定等参考依据。

一是人才培养。人才培养是高校的核心职能之一，亦是地方高校履行社会服务职能的基石所在。长久以来，地方高校于基础学科领域所承担的教育教学职能，不仅彰显出其独特优势，更成为其服务地方经济的关键领域与重要途径。随着学科的不断分化，社会分工越来越细，专业门类愈来愈多，应用型本科院校应与地方战略性产业紧密结合，实现应用型专业人才与地方行业、企业需求的有效衔接，在办学理念与定位、人才培养模式、专业设置、师资队伍建设等方面进行系统性的变革。

二是科学研究。高校作为高学历、高层次人才的聚焦地，是为地方知识经济发展提供智力支持的核心与关键，社会对高校参与经济建设期望值最高的领域往往是科学技术

① 刘哲．我国地方高校社会服务职能研究综述［J］．湖南农业大学学报（社会科学版·素质教育研究），2008（4）：12-14.

领域。高校推进科技园区建设，在促进科研成果产业化以及创业孵化等方面发挥了积极作用。随着社会综合发展水平的逐步提高，发展新质生产力逐步成为全民族的共识和自觉行动，社会各界对高校提供社会科学服务的要求越来越强烈，社会科学领域服务社会发展将日益成为高校服务社会的热点。

结合应用型本科院校服务地方经济的内容，将应用型本科院校服务地方经济的测评指标分为人才培养、科学研究与社会直接服务三个层次，如表 7-1 所示。

**表 7-1　应用型本科院校服务地方经济测评指标体系表**

| 一级指标 | 二级指标 | 指标解释 |
|---|---|---|
| 人才培养 | 办学理念 | 是否将以服务地方经济社会发展作为学校办学的核心理念 |
| | 办学模式 | 应用型还是研究型院校，以及校内外实训基地情况、校企合作办学协议、实验室建设情况等 |
| | 教师数量与结构 | 包括学校的师生比，各专业教师数、兼职教师数；专、兼职教师的学历结构、职称结构、年龄结构，双师、优师、名师的比例等 |
| | 教师教育教学水平 | 包括学校教师的岗位职责履行、教学态度；课堂教学与实践教学的能力与效果；参与教研教改课题的数量与成果应用情况等 |
| | 专业设置与企业对接程度 | 应用型本科院校设置的学科专业门类 |
| | | 应用型本科院校专业设置数量以及所设专业与地方产业对接的情况 |
| | 基地建设数 | 学校人才培养基地建设情况 |
| 科学研究 | 科研政策 | 学校建立鼓励教师开展科学研究和技术研发的政策制度，并得到有效实施 |
| | 纵向科研项目 | 学校拥有国家级、省部级与厅级纵向课题的立项数与结题数 |
| | 横向科研项目 | 学校获得的政府与非政府的横向科研课题立项数与结题数 |
| | 科研经费 | 学校获得纵向与横向课题的到账经费数 |
| | 科技奖励 | 学校教师在开展纵向与横向课题研究中获得的国家级、省部级及厅级奖励情况 |
| | 成果及应用 | 包括学校教师每年获得的专利授权数与专利被转让数、咨询报告数、高水平论文发表数、与行业或企业合作开发的案例和项目、科技成果转化与推广应用取得的成效与水平 |
| 社会直接服务 | 社会培训 | 每年举办社会继续教育、培训的场次与人次 |
| | 专家咨询人次 | 每年接受专家咨询的总人次 |
| | 校企合作项目研究 | 每年参与政府、企业、科研所合作项目的数量与总金额 |
| | 本地就业率 | 学校每年应届毕业生的本地就业率 |

## 第二节　湖南省应用型本科院校服务地方经济的现状

湖南省应用型本科院校一直将融入地方、服务地方经济作为其发展战略。但如何提高基层服务能力与服务水平，构建服务地方经济的长效机制，是应用型本科院校普遍面临的现实问题和严峻挑战，也是应用型本科院校破解转型升级，实现特色发展的难题。本节通过对湖南省16所应用型本科院校服务地方经济的情况进行深入调查，分析湖南省应用型本科院校服务地方经济发展的基本情况。

### 一、湖南省应用型本科院校办学规模

湖南省16所应用型本科院校办学规模的基本情况如表7-2所示。2017年，16所应用型本科院校共有在校生人数约27万人，校园面积约2万亩，建筑面积约670万平方米，固定资产约123亿元，校内外各类实训基地636个。生均校园面积约0.07亩，生均建筑面积约25.25平方米，每千人拥有实训中心或基地数量为2.40个，生均拥有教学仪器价值约0.59万元。以上数据均达到应用型本科院校评估的合格标准，说明湖南省应用型本科院校办学规模适中，办学硬件基础设施能适应人才培养的需要，特别是各应用型本科院校均建有实训中心或基地，反映出应用型本科院校在教学中重技能、重动手能力、为社会培养应用型人才的教育理念。

**表7-2　湖南省16所应用型本科院校的办学规模统计表**

| 学校名称 | 学生数/人 | 总面积/亩 | 建筑面积/万平方米 | 固定资产/亿元 | 教学仪器总价值/亿元 | 校内外实训中心或基地数量/个 | 图书馆藏书总册数/万册 |
|---|---|---|---|---|---|---|---|
| 长沙学院 | 13079 | 1330.0 | 31.0 | 9.70 | 1.2 | 18 | 129.0 |
| 长沙师范学院 | 12000 | 1100.0 | 29.0 | 5.27 | 0.6 | 16 | 59.7 |
| 长沙医学院 | 21000 | 1260.0 | 63.3 | 9.90 | 1.3 | 24 | 168.0 |
| 湖南财政经济学院 | 14560 | 760.0 | 35.0 | 6.50 | 0.9 | 6 | 113.4 |
| 湖南城市学院 | 16450 | 1868.0 | 52.2 | 7.50 | 1.0 | 16 | 160.0 |
| 湖南第一师范学院 | 12890 | 1346.0 | 42.0 | 9.50 | 0.7 | 15 | 127.0 |
| 湖南工程学院 | 20800 | 1080.0 | 50.0 | 9.90 | 1.4 | 20 | 134.0 |

续表

| 学校名称 | 学生数/人 | 总面积/亩 | 建筑面积/万平方米 | 固定资产/亿元 | 教学仪器总价值/亿元 | 校内外实训中心或基地数量/个 | 图书馆藏书总册数/万册 |
|---|---|---|---|---|---|---|---|
| 湖南工学院 | 19000 | 1400.0 | 40.0 | 9.50 | 1.3 | 72 | 110.0 |
| 湖南警察学院 | 5000 | 700.5 | 21.0 | 4.90 | 0.4 | 54 | 69.0 |
| 湖南科技学院 | 18385 | 1144.5 | 45.0 | 5.70 | 1.3 | 20 | 90.3 |
| 湖南女子学院 | 9800 | 577.0 | 20.0 | 4.10 | 0.2 | 200 | 100.0 |
| 湖南人文科技学院 | 15079 | 1040.5 | 38.2 | 8.80 | 1.0 | 95 | 188.0 |
| 湖南涉外经济学院 | 26158 | 1434.0 | 42.8 | 8.80 | 0.9 | 10 | 146.6 |
| 怀化学院 | 24815 | 1100.0 | 42.0 | 9.80 | 1.2 | 13 | 232.0 |
| 邵阳学院 | 18078 | 1796.0 | 50.6 | 7.00 | 0.9 | 29 | 125.9 |
| 湘南学院 | 18164 | 1463.0 | 67.7 | 6.50 | 1.3 | 28 | 134.0 |
| 合计 | 265258 | 19399.5 | 669.8 | 123.37 | 15.6 | 636 | 2086.9 |

## 二、湖南省应用型本科院校专业设置

人才培养是应用型本科院校服务地方经济发展的主要任务。人才培养要适应地方经济发展，关键是专业设置要与经济发展对各类专业人才的需求相匹配。2010 年 8 月，湖南省委、省政府确定了湖南的七大战略性新兴产业，即先进装备制造、新材料、文化创意、生物、新能源、信息、节能环保。对湖南省 16 所应用型本科院校的专业设置情况进行梳理，分析湖南省应用型本科院校与战略性新兴产业对接的情况，如表 7-3 所示。

**表 7-3　湖南省七大战略性新兴产业与对接专业分析表**

| 序号 | 战略性新兴产业 | 优势领域 | 专业设置 |
|---|---|---|---|
| 1 | 先进装备制造 | 工程机械、轨道交通设备、中小型航空动力等 | 机械设计制造及其自动化、电气工程及其自动化、机械电子工程等 |
| 2 | 新材料 | 金属新材料、先进储能材料、先进复合材料、先进硬质材料、化工新材料、特种无机非金属材料 | 材料科学与工程、高分子材料与工程、材料科学等 |

续表

| 序号 | 战略性新兴产业 | 优势领域 | 专业设置 |
|---|---|---|---|
| 3 | 文化创意 | 广电、出版、动漫、演艺、娱乐等优势板块 | 风景园林、环境设计、服装与服饰设计、产品设计、广告设计、视觉传达设计、美术学等 |
| 4 | 生物 | 药用辅料、粉液双室产品袋、基因检测等 | 生物工程、生物技术、生物制药、生物科学、农业工程等 |
| 5 | 新能源 | 太阳能、风能、生物质能等 | 新能源科学与工程、高分子材料与工程、材料科学等 |
| 6 | 信息 | 数字化整机、软件和集成电路 | 电子信息科学与技术、软件工程、信息管理与信息系统、物联网工程、网络工程、电子信息工程、通信工程、光电信息科学与工程等 |
| 7 | 节能环保 | 有色金属循环经济、冷水机组制造、新型燃料等 | 给排水科学与工程、环境设计、环境工程、水利水电工程、建筑环境与能源应用工程等 |

从表 7-3 可以看出，湖南省 16 所应用型本科院校在七大战略性新兴产业领域均已开设了相对接专业，其专业设置具体情况如表 7-4 所示。

由表 7-4 可知，湖南省 16 所应用型本科院校中，只有 2 所开设了新能源产业类专业，6 所学校开设了新材料产业类专业，7 所学校开设了先进装备制造产业类专业，9 所学校开设了生物产业类专业，而分别有 11 所与 16 所开设了文化创意产业类与信息产业类专业。16 所应用型本科院校开设的战略性新兴产业类专业总数为 167 个，约占总专业数量的 27.79%。

**表 7-4　湖南省 16 所应用型本科院校专业开设情况统计表**

| 序号 | 学校名称 | 先进装备制造产业类 | 新材料产业类 | 文化创意产业类 | 生物产业类 | 新能源产业类 | 信息产业类 | 节能环保产业类 | 专业设置总数量 |
|---|---|---|---|---|---|---|---|---|---|
| 1 | 长沙学院 | 1 | 1 | 2 | 2 | 0 | 8 | 1 | 41 |
| 2 | 长沙师范学院 | 0 | 0 | 4 | 0 | 0 | 1 | 0 | 21 |
| 3 | 长沙医学院 | 0 | 0 | 0 | 1 | 0 | 1 | 0 | 22 |
| 4 | 湖南财政经济学院 | 0 | 0 | 0 | 0 | 0 | 2 | 0 | 25 |
| 5 | 湖南城市学院 | 2 | 1 | 5 | 1 | 0 | 11 | 4 | 50 |
| 6 | 湖南第一师范学院 | 0 | 0 | 1 | 0 | 0 | 1 | 1 | 30 |

续表

| 序号 | 学校名称 | 先进装备制造产业类 | 新材料产业类 | 文化创意产业类 | 生物产业类 | 新能源产业类 | 信息产业类 | 节能环保产业类 | 专业设置总数量 |
|---|---|---|---|---|---|---|---|---|---|
| 7 | 湖南工程学院 | 2 | 2 | 4 | 1 | 1 | 8 | 1 | 50 |
| 8 | 湖南工学院 | 2 | 4 | 0 | 0 | 1 | 6 | 1 | 37 |
| 9 | 湖南警察学院 | 0 | 0 | 0 | 0 | 0 | 0 | 0 | 6 |
| 10 | 湖南科技学院 | 0 | 2 | 4 | 6 | 0 | 3 | 0 | 44 |
| 11 | 湖南女子学院 | 0 | 0 | 0 | 0 | 0 | 0 | 0 | 27 |
| 12 | 湖南人文科技学院 | 0 | 0 | 8 | 2 | 0 | 2 | 1 | 50 |
| 13 | 湖南涉外经济学院 | 0 | 0 | 8 | 0 | 0 | 5 | 0 | 41 |
| 14 | 怀化学院 | 2 | 2 | 4 | 3 | 0 | 7 | 2 | 52 |
| 15 | 邵阳学院 | 3 | 0 | 5 | 1 | 0 | 1 | 0 | 61 |
| 16 | 湘南学院 | 1 | 0 | 2 | 1 | 0 | 7 | 1 | 44 |
| 17 | 合计 | 13 | 12 | 47 | 18 | 2 | 63 | 12 | 601 |

## 三、湖南省应用型本科院校师资情况

师资是应用型本科院校开展高等教育的核心资源，师资实力直接反映了学校的办学能力与办学水平，是影响应用型本科院校服务地方经济水平的重要因素。根据 2017 年教育部社科、科技统计数据（其中，长沙师范学院没有进行社科统计，湖南女子学院没有进行科技统计，因而无相应数据），湖南省 16 所应用型本科院校师资情况如表 7-5 所示。

从师资队伍人数来看，湖南省 16 所应用型本科院校共有专任教师 15540 名，各校平均师资规模约为 971 人。从图 7-1 可以看出，有 7 所院校师资队伍人数超过 1000 人，7 所院校低于平均师资规模水平，其中长沙医学院师资队伍人数最多，达到 1837 人，湖南警察学院师资队伍人数仅为 337 人，表明各院校在师资规模上存在较大差距。

从社科与科技师资队伍统计结果来看，16 所应用型本科院校社科队伍人数总数高于科技队伍人数近 2000 人；从师资队伍职称与学历层次看，社科类副高以上职称 2437 人，科技类副高以上职称 2174 人，约占师资队伍人数总数的 15.68%与 13.99%，较为持平。湖南省 16 所应用型本科院校社科与科技高级职称师资规模，如图 7-2 所示。

表 7–5　湖南省 16 所应用型本科院校师资情况统计表（单位：人）

| 序号 | 学校名称 | 师资总数 | 社科人数 | | | | 科技人数 | | | | 省级以上教学名师、专业带头人、青年骨干教师 |
|---|---|---|---|---|---|---|---|---|---|---|---|
| | | | 总数 | 高级职称 | 博士 | 硕士 | 总数 | 高级职称 | 博士学位 | 硕士学位 | |
| 1 | 长沙学院 | 957 | 366 | 131 | 40 | 220 | 427 | 169 | 77 | 182 | 57 |
| 2 | 长沙师范学院 | 700 | – | – | – | – | 90 | 27 | 13 | 46 | 51 |
| 3 | 长沙医学院 | 1837 | 196 | 45 | 6 | 136 | 1051 | 378 | 25 | 346 | 67 |
| 4 | 湖南财政经济学院 | 651 | 494 | 205 | 45 | 320 | 85 | 43 | 12 | 62 | 46 |
| 5 | 湖南城市学院 | 1207 | 599 | 182 | 28 | 320 | 516 | 222 | 47 | 198 | 61 |
| 6 | 湖南第一师范学院 | 923 | 664 | 246 | 52 | 408 | 240 | 103 | 47 | 94 | 55 |
| 7 | 湖南工程学院 | 1123 | 318 | 111 | 16 | 156 | 635 | 272 | 108 | 269 | 52 |
| 8 | 湖南工学院 | 1000 | 440 | 93 | 20 | 250 | 597 | 197 | 53 | 275 | 53 |
| 9 | 湖南警察学院 | 337 | 299 | 151 | 17 | 158 | 74 | 37 | 5 | 37 | 31 |
| 10 | 湖南科技学院 | 1080 | 700 | 198 | 21 | 441 | 368 | 82 | 28 | 223 | 5 |
| 11 | 湖南女子学院 | 569 | 515 | 227 | 22 | 238 | – | – | – | – | 30 |
| 12 | 湖南人文科技学院 | 1148 | 487 | 179 | 34 | 242 | 268 | 81 | 33 | 144 | 44 |
| 13 | 湖南涉外经济学院 | 986 | 773 | 158 | 40 | 324 | 66 | 29 | 16 | 40 | 50 |
| 14 | 怀化学院 | 976 | 651 | 172 | 35 | 299 | 268 | 76 | 45 | 121 | 32 |
| 15 | 邵阳学院 | 1191 | 556 | 161 | 31 | 276 | 475 | 169 | 38 | 146 | 47 |
| 16 | 湘南学院 | 855 | 503 | 178 | 12 | 290 | 576 | 289 | 39 | 264 | 33 |
| 合计 | | 15540 | 7561 | 2437 | 419 | 4078 | 5736 | 2174 | 586 | 2447 | 714 |

**注：**数据源于教育部社科、科技统计，长沙师范学院没有参加社科统计，湖南女子学院没有参加科技统计。

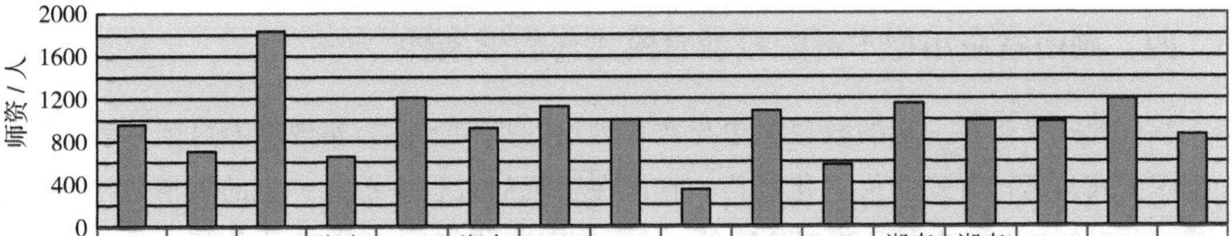


| | 长沙学院 | 长沙师范学院 | 长沙医学院 | 湖南财政经济学院 | 湖南城市学院 | 湖南第一师范学院 | 湖南工程学院 | 湖南工学院 | 湖南警察学院 | 湖南科技学院 | 湖南女子学院 | 湖南人文科技学院 | 湖南涉外经济学院 | 怀化学院 | 邵阳学院 | 湘南学院 |
|---|---|---|---|---|---|---|---|---|---|---|---|---|---|---|---|---|
| ■师资 | 957 | 700 | 1837 | 651 | 1207 | 923 | 1123 | 1000 | 337 | 1080 | 569 | 1148 | 986 | 976 | 1191 | 855 |

图 7-1　湖南省 16 所应用型本科院校师资规模图

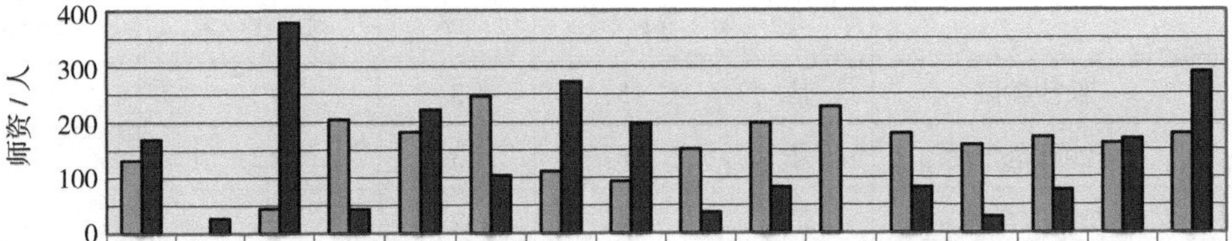


| | 长沙学院 | 长沙师范学院 | 长沙医学院 | 湖南财政经济学院 | 湖南城市学院 | 湖南第一师范学院 | 湖南工程学院 | 湖南工学院 | 湖南警察学院 | 湖南科技学院 | 湖南女子学院 | 湖南人文科技学院 | 湖南涉外经济学院 | 怀化学院 | 邵阳学院 | 湘南学院 |
|---|---|---|---|---|---|---|---|---|---|---|---|---|---|---|---|---|
| ■社科人力 | 131 | | 45 | 205 | 182 | 246 | 111 | 93 | 151 | 198 | 227 | 179 | 158 | 172 | 161 | 178 |
| ■科技人力 | 169 | 27 | 378 | 43 | 222 | 103 | 272 | 197 | 37 | 82 | | 81 | 29 | 76 | 169 | 289 |

图 7-2　湖南省 16 所应用型本科院校社科与科技高级职称师资规模图

在高学历人才统计方面，社科类博士 419 人，约占师资队伍总数的 2. 70%，硕士 4078 人，约占师资队伍总数的 26. 24%，而科技类人才中获博士学位与硕士学位的人数分别为 586 人与 2447 人，约占师资队伍人数的 3. 77%与 15. 75%，如图 7-3 所示。不难发现，高学历人才在高校仍然属于稀缺资源，各大院校仍需加大高学历人才的培养与引进力度，以提高学校的科研服务能力。另外，湖南省 16 所应用型本科院校具有省级以上教学名师、专业带头人、青年骨干教师总计 714 人，约占师资队伍总规模的 4. 59%，所占比例较小。因此，各应用型本科院校应加大对教学名师、专业带头人、青年骨干教师的培养力度。

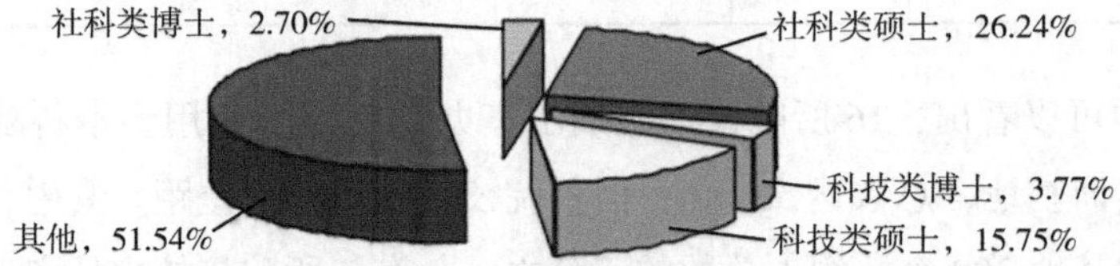


图 7-3　湖南省 16 所应用型本科院校社科与科技类博士与硕士师资规模比例图

## 四、湖南省应用型本科院校教育模式与教学条件

教育模式是指在一定的教育思想与教育理论的指导下，为实现培养目标对教育过程的组织方式与运行方式的模式化概括，它们在实现的过程中形成一定的风格或特征，具有明确的系统性与规范性。针对选取的16所应用型本科院校，从办学性质、校内外实训基地情况、校企合作办学协议、实验室建设等四个方面进行比较分析，如表7-6所示。

**表7-6　湖南省16所应用型本科院校教育模式与教学条件情况统计表**

| 序号 | 学校名称 | 是否应用型 | 校内外实训基地数量/家 | 校企合作办学协议/家 | 实验室建设 | |
|---|---|---|---|---|---|---|
| | | | | | 省级重点实验室/家 | 国家级重点实验室/家 |
| 1 | 长沙学院 | 是 | 15 | 3 | 2 | 0 |
| 2 | 长沙师范学院 | 是 | 16 | 3 | 2 | 0 |
| 3 | 长沙医学院 | 是 | 24 | 2 | 5 | 0 |
| 4 | 湖南财政经济学院 | 是 | 6 | 2 | 1 | 0 |
| 5 | 湖南城市学院 | 是 | 16 | 2 | 1 | 0 |
| 6 | 湖南第一师范学院 | 是 | 15 | 2 | 2 | 0 |
| 7 | 湖南工程学院 | 是 | 20 | 5 | 6 | 0 |
| 8 | 湖南工学院 | 是 | 28 | 4 | 3 | 0 |
| 9 | 湖南警察学院 | 是 | 54 | 2 | 2 | 0 |
| 10 | 湖南科技学院 | 是 | 20 | 1 | 1 | 0 |
| 11 | 湖南女子学院 | 是 | 200 | 1 | 2 | 0 |
| 12 | 湖南人文科技学院 | 是 | 95 | 2 | 1 | 0 |
| 13 | 湖南涉外经济学院 | 是 | 10 | 1 | 1 | 0 |
| 14 | 怀化学院 | 是 | 13 | 1 | 1 | 0 |
| 15 | 邵阳学院 | 是 | 29 | 1 | 2 | 0 |
| 16 | 湘南学院 | 是 | 28 | 3 | 2 | 0 |
| 合计 | | | 589 | 35 | 34 | 0 |

从表7-6中可以看出，16所院校都明确了其办学性质为应用型本科院校，每所院校均设有校内外实训基地，总数达589个，但各院校之间有较大差距。其中，湖南女子学院拥有校内外实训基地200个，约占总数的三分之一；有7所院校校内外实训基地数量低于20个。所有应用型本科院校均与相关企业签订了合作办学协议，累计校企合作办学协议

35 份。在实验室建设方面，每所院校均建有省级重点实验室，累计 34 个，但均无国家级实验室。

## 五、湖南省应用型本科院校科研服务情况

科学研究是大学的一项基本职能，由于应用型本科院校的办学目标是向社会培养各种应用型人才，其在教育的价值取向上具有实务性的特点，因此应用型本科院校的科学研究与研究型大学的科学研究的侧重点不同，更倾向于应用性的科学研究。对湖南省 16 所应用型本科院校 2011—2015 年的科研情况进行统计，具体数据如表 7-7 所示。

### （一）专利产出情况

从申请的专利数量上看，湖南省 16 所应用型本科院校共申请了 1725 项专利，校均申请数量约为 108 项，表明湖南省应用型本科院校在技术、方法、设计方面有着较强的创新能力，具备优越的对接社会、服务地方经济的实力。但仍有 12 所本科院校低于平均值，其中有 4 所院校 5 年内从未申请过 1 项专利，各院校之间申请专利的水平存在较大差距。申请专利数量最多的是湖南城市学院，5 年内累计申请数量达到了 523 项，而湖南财政经济学院与湖南警察学院 5 年内累计申请数量均只达到 3 项。在授权数量上，16 所应用型本科院校 5 年内累计授权数为 1067 项，约占申请数量的 61.86%，可见专利申请的质量还有待提高。湖南省 16 所应用型本科院校持有专利数量为 1031 项，基本与授权数量持平，可见各本科院校较为重视对专利权的保护期的管理，但仍有个别院校的专利授权数与拥有数出现较大偏差，这种偏差产生于以往年度申请的专利数已经过了保护期或是没有延长保护期。为此，部分院校应加强对学校申请的各项专利的管理与保护。

### （二）学术论文及著作产出情况

对湖南省应用型本科院校发表的学术论文与出版的著作进行统计分析，能有效反映其服务地方经济的水平。在学术论文发表方面，16 所应用型本科院校所发表的科技类与社科类论文的总数基本持平。长沙师范学院与长沙医学院由于没参加科技与社科论文发表统计，数据资料不全，其他应用型本科院校在科技与社科论文发表方面，都有所成果，特别是湖南城市学院与怀化学院，研究人员发表的科技与社科类论文均达到 2000 篇以上，表明这两所学院服务地方经济的程度较高。在著作出版方面，社科类著作（包括专著）的出版明显高于科技类著作的出版，这是因为社科类研究多以对策、问题提出为主，文字较多，更方便以著作方式进行成果的推广；而科技研究成果多为数模的建立与论证，并以专利形式进行成果推广。

**表 7-7　湖南省 16 所应用型本科院校 2011—2015 年科研情况统计表**

| 序号 | 学校名称 | 专利/项 | | | 学术论文/篇 | | 著作/部 | | | | 国家自科基金项目/项 | 国家社科基金项目/项 |
|---|---|---|---|---|---|---|---|---|---|---|---|---|
| | | 申请数 | 授权数 | 拥有数 | 科技 | 社科 | 科技 | 社科 | 编著科技 | 专著社科 | | |
| 1 | 长沙学院 | 318 | 171 | 186 | 1245 | 851 | 5 | 44 | 1 | 34 | 30 | 6 |
| 2 | 长沙师范学院 | 82 | 41 | 53 | – | 821 | 0 | 72 | 0 | 23 | – | 2 |
| 3 | 长沙医学院 | 15 | 15 | 20 | 1607 | – | – | – | – | – | 3 | – |
| 4 | 湖南财政经济学院 | 3 | 2 | 2 | 301 | 908 | 1 | 55 | 0 | 17 | 9 | 7 |
| 5 | 湖南城市学院 | 523 | 301 | 284 | 2382 | 2784 | 5 | 71 | 12 | 45 | 7 | 6 |
| 6 | 湖南第一师范学院 | 28 | 25 | 26 | 571 | 2031 | 1 | 97 | 0 | 43 | 14 | 7 |
| 7 | 湖南工程学院 | 303 | 204 | 130 | 1649 | 670 | 4 | 18 | 0 | 13 | 11 | 1 |
| 8 | 湖南工学院 | 72 | 40 | 56 | 1131 | 458 | 0 | 17 | 7 | 9 | 1 | 1 |
| 9 | 湖南警察学院 | 3 | 3 | 1 | 307 | 1102 | 2 | 60 | 0 | 23 | 5 | 3 |
| 10 | 湖南科技学院 | – | – | – | 922 | 2241 | 1 | 88 | 2 | 56 | 1 | 9 |
| 11 | 湖南女子学院 | – | – | – | 976 | 750 | – | 48 | – | 14 | 8 | 1 |
| 12 | 湖南人文科技学院 | 95 | 51 | 64 | 1994 | 1468 | 0 | 65 | 0 | 35 | 1 | 2 |
| 13 | 湖南涉外经济学院 | – | – | – | 1004 | 293 | 2 | 44 | 0 | 33 | 12 | 1 |
| 14 | 怀化学院 | 107 | 83 | 82 | 2024 | 2482 | 1 | 52 | 0 | 35 | 2 | 6 |
| 15 | 邵阳学院 | 176 | 131 | 127 | 1108 | 2011 | 1 | 111 | 5 | 39 | 3 | 8 |
| 16 | 湘南学院 | – | – | – | 1245 | 1445 | 1 | 42 | 6 | 16 | 9 | 2 |
| 合计 | | 1725 | 1067 | 1031 | 18466 | 20315 | 24 | 884 | 33 | 435 | 116 | 62 |

**注：**数据源于教育部科技统计，其中长沙医学院没有参加社科统计。

### （三）国家自科基金与国家社科基金项目立项情况

国家自科基金与国家社科基金是针对社会诸方面的现实问题开展的项目研究，是高校服务地方经济实力的有力证明。从各校获得的国家自科基金与国家社科基金数量看，自科基金获批 116 项，社科基金获批 62 项，除长沙师范学院与长沙医学院数据统计不全外，各院校均有国家自科基金与国家社科基金立项，如图 7-4 所示。

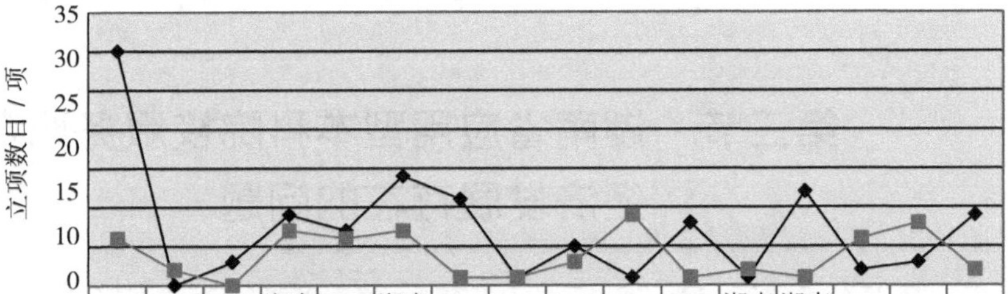


| | 长沙学院 | 长沙师范学院 | 长沙医学院 | 湖南财政经济学院 | 湖南城市学院 | 湖南第一师范学院 | 湖南工程学院 | 湖南工学院 | 湖南警察学院 | 湖南科技学院 | 湖南女子学院 | 湖南人文科技学院 | 湖南涉外经济学院 | 怀化学院 | 邵阳学院 | 湘南学院 |
|---|---|---|---|---|---|---|---|---|---|---|---|---|---|---|---|---|
| 国家自科基金项目 | 30 | 0 | 3 | 9 | 7 | 14 | 11 | 1 | 5 | 1 | 8 | 1 | 12 | 2 | 3 | 9 |
| 国家社科基金项目 | 6 | 2 | 0 | 7 | 6 | 7 | 1 | 1 | 3 | 9 | 1 | 2 | 1 | 6 | 8 | 2 |

图 7-4　湖南省 16 所应用型本科院校国家自科基金与社科基金项目立项图

从图 7-4 可以看出，总体上，湖南省应用型本科院校国家自科基金项目研究实力高于社科项目研究。同时，各学校研究实力上也有较大差距。长沙学院在自然科学研究领域明显优于其他学院，部分院校如湖南工学院、湖南人文科技学院的国家自科基金与社科基金项目研究力量相对薄弱。

## 六、湖南省应用型本科院校学生就业情况

应用型本科院校学生的就业率，是体现其培养技能型人才实际成果的重要体现。对湖南省 16 所应用型本科院校的就业率情况进行分析，有 15 所院校的就业率在 90%以上，平均就业率水平高达 91.55%，如表 7-8。

**表 7-8　湖南省 16 所应用型本科院校学生就业情况表**

| 学校名称 | 就业率/% | 学校名称 | 就业率/% |
|---|---|---|---|
| 长沙学院 | 91% | 湖南警察学院 | 90% |
| 长沙师范学院 | 92% | 湖南科技学院 | 92% |
| 长沙医学院 | 95% | 湖南女子学院 | 90% |
| 湖南财政经济学院 | 89% | 湖南人文科技学院 | 97% |
| 湖南城市学院 | 90% | 湖南涉外经济学院 | 90% |

续表

| 学校名称 | 就业率/% | 学校名称 | 就业率/% |
|---|---|---|---|
| 湖南第一师范学院 | 91% | 怀化学院 | 93% |
| 湖南工程学院 | 90% | 邵阳学院 | 92% |
| 湖南工学院 | 91% | 湘南学院 | 91.82% |

## 第三节　湖南省应用型本科院校服务地方经济发展存在的问题

尽管湖南省本科教育取得了较大的成绩，但相比经济发达地区的本科院校服务地方经济的水平仍有一些差距，具体体现在以下几个方面。

### 一、专业设置对战略性新兴产业支撑不足

湖南省16所应用型本科院校整体上开设了与七大战略性新兴产业领域相对接的专业，总计数量为167个，仅占总专业数量的27.79%。特别是在新能源、先进装备制造、节能环保等产业方向，专业设置数量不多，人才培养的基数不够；同时，原有专业设置在专业名称、专业课程、培养方式方面创新不足，湖南省战略性新兴产业多立足于学科交叉，而这些院校的专业名称、课程设置、培养方式均沿袭传统模式，对新兴产业中涌现出来的新专业、新工种支撑不足，如移动互联网、网络营销等。

### 二、高水平“双师型”专业骨干人才匮乏

经济和社会的发展极大地促进了本科教育规模的扩大。然而，规模的扩大也使得学校教师，特别是高水平“双师型”教师奇缺。高水平“双师型”教师在应用型本科院校中是培养人才与实施技术创新的核心人才。从16所应用型本科院校公开数据来看，共有专任教师15540名，其中省级以上教学名师、专业带头人、青年骨干教师714人，仅占4.59%，师资中“双师型”教师的平均比例低于50%，特别是既有一定的理论知识，又有丰富的行业经验的高水平“双师型”教师数量少。同时，由于大部分应用型本科院校对教师深入企业带薪学习缺少足够的政策支持，相当一部分“双师型”教师从教以后并不注重主动去企业、行业中继续深造，久而久之，“双师型”教师对行业中一些新的技术缺少足够的了解，从而缺乏教学与科学研究的能力。

### 三、培养应用型人才的教学设施不足

就选取的16所应用型本科院校而言，校内外实训基地数量参差不齐，虽总数有589个，但差距显著。部分院校如湖南女子学院拥有校内实训基地200个，而有7所院校校内实训基地低于20个，难以满足学生的多样化实践需求，不利于学生全面掌握专业技能。在实验室建设上，尽管每所院校都有省级重点实验室，总计34个，却无国家级实验室，这在一定程度上限制了学生接触顶尖科研资源与前沿技术的机会，无法为他们提供更高水平的科研训练平台。同时，16院校与相关企业共签订校企合作办学协议35份，相对有限，这意味着学校与企业间的合作深度和广度不够，难以充分借助企业的先进设备、技术与实际项目来强化学生的实践能力，致使教学设施与应用型人才培养目标之间存在较大差距，亟待改善与提升。

### 四、各院校科研服务地方经济发展不平衡

应用型院校的科研侧重应用性研究，与研究型院校有所区别。从对湖南省16所应用型本科院校5年内科研数据的剖析来看，专利产出上共申请1725项，校均108项，但有12所低于均值，4所5年未申请专利，差距明显。学术论文及著作产出方面，科技与社科论文均有成果，湖南城市学院与怀化学院表现突出，社科著作出版多于科技著作。在国家自科基金与社科基金立项上，自科基金116项，社科基金62项，除个别院校数据不全外均有立项，总体上自然科学研究实力稍强，但各院校差距较大，长沙学院自然科学研究领先，湖南工学院等则相对薄弱，这种不平衡亟待改善以更好地服务地方经济发展。

## 第四节　提升湖南省应用型本科院校服务地方经济发展的对策

### 一、转变办学理念，主动适应地方经济发展的人才培养需求

应用型本科院校作为其所在地方的一个重要组成部分，应把为地方培养应用型人才作为学校办学的首要目标与主要任务。人才培养要适应地方经济发展，关键是专业设置要与地方经济发展对各类专业人才的需求相匹配。学校要从传统的教育模式中跳脱出来，深入洞察地方经济的产业结构、发展趋势以及人才缺口情况。例如，对于制造业发达的

地区，院校应着力加强机械工程、自动化等专业的建设与优化，通过与当地企业开展产学研合作，共同制定契合实际的人才培养方案，引入企业真实项目和案例进课堂，让学生在实践中掌握实用技能，从而培养出大批适应地方经济发展需求的高素质应用型人才，为地方产业的升级与创新注入源源不断的活力，实现院校发展与地方经济腾飞的双赢局面。

## 二、优化师资结构，多渠道建设高水平的“双师型”队伍

地方院校要改善教师队伍结构，提升教师的应用实践能力，培养高水平“双师型”专业骨干人才。首先，高校应依据地方产业和学科建设的需要，建立创新人才引进机制，改进岗前培训，增加行业背景内容，推进以功能引导的“学术领军人+学术带头人+骨干教师团”的金字塔形的人才配置结构。其次，加大内部培养力度，制定教师实践能力培养、培训的实施办法，给予政策激励。例如，鼓励教师到企业兼职，增加教师与专业技术人员的交流机会；组织专业教师承担企业课题，解决实际问题；把教师实践教学能力纳入考评体系，在制度层面建立有效机制，保障教师实践教学水平的提高。

## 三、增加教学运营投入，提高校内外实训基地利用率

实训基地是对学生进行实践教学、实践能力训练和职业素质培养的重要场所，是实现培养目标的重要条件之一。各高校应加强校内外实训基地的建设和管理。对于校内实训基地建设，应全面规划，协调发展，避免各专业之间重复，提高校内实训基地的利用率；应本着“自力更生，勤俭办学”的原则，提高教学资金投入的效率和利用率；各专业应围绕核心能力的培养，建设校内实训基地；对利用率低的验证性实验项目，不宜投入重金，应利用地域资源共享优势。同时，由各院系根据实践教学与设备管理（科）制定的“实验、实训室管理办法”进行管理。而对于校外实训基地的选择应本着专业对口、满足实习大纲要求、就地就近的原则选择单位；应力争建立相对稳定的实训基地，并由各院系领导代表学校与企事业单位签订“协议书”，双方应有相应的组织和负责人。本着互惠互利的原则，规定甲、乙双方的任务、职责义务和要求，确保实习计划的完成。

## 四、加强应用型本科院校与战略性新兴企业的互动合作

为充分发挥高校人才、智力优势，推动企业创新发展，需要进一步完善高校和企业合作管理、合作教育、合作研究、合作经营的联合机制。首先，地方高校应发挥其科研优势，将地方的科技方向视为学校科技主攻方向，并以此制定学校的相关规划和实施方案，主动与市场经济的发展接轨运行。如积极创办科技企业，依托高校智力和科技资源

丰富的优势，加快地方高新技术产业发展。其次，需加强应用型本科院校与企业等经济实体的合作。校企合作的主要形式有：合作研究，高校主要做研究和前期技术开发，企业主要实现产业化；高校提供科技成果，向企业转让技术；校企联合创办科技型企业；等等。这种校企合作、“公司与学院结盟”已成为重要的发展趋势。最后，高校应积极向合作企业争取科研资金或实验室，或由企业提供环境与高校科研人员共同研发，在企业转化和吸收高校研究的高科技成果的同时，使高校的科研教学更有针对性；高校还可以从企业筹集经费，加强自身建设，培养和提高科研人才的素质，提供技术创新资源，从而更好地为地方经济服务。①

## 五、追踪就业状况，多渠道提升高校毕业生的就业质量

应用型本科院校要定期组织教师开展大规模的毕业生追踪调查和用人单位意见征求活动，积极组织毕业生的职业指导，帮助学生树立正确的就业观，了解就业形势和就业政策，掌握就业技巧，科学规划职业生涯；以市场需求为导向推进专业设置制度改革和教学内容调整，通过改革来提升学校的专业和课程设置，应对市场需求变化的速度，及时将市场需求反映在教学过程中。转变教育发展方式，重视内涵发展，注重培养学生职业素养，培养产业发展所需要的多层次的、不同规格的人才队伍，满足企业转型升级的不同需求。同时，对普通高等院校实行开放办学，加强办学与经济转型和产业升级的衔接与贯通；在夯实理论知识、掌握基本技能的基础上，积极开展大学生就业创业的培训与指导，激活广大学生的创业激情，鼓励他们积极抢滩创业市场，并以创业带动更多人的就业，在创业实践中实现自己对理想与成功的追求。②

---

① 张人崧，蔡桂权．论新建本科院校提升服务地方经济社会发展能力的策略［J］．中国成人教育，2012（14）：41-43.

② 张武．经济新常态下大学生就业面临的挑战及对策［J］．广西教育，2015（47）：179-180.

# 结论与展望

本文基于“以学生为中心”理论，对现有高校教学质量评价相关研究成果，如“以学生为中心”“教学质量”“教学质量评价”相关概念的界定，“以学生为中心”的教学质量评价理论依据、指标设计原则、指标体系设计、研究方法、评价方式、保障体系建设等进行梳理的基础上，开展了以下几个方面的研究工作。

第一，从学生教学满意度视角，以高职院校为研究对象，对自我素质教育的概念、内涵、基本特征进行了探讨，并构建了自我素质教育评价指标体系和自我素质教学影响因素结构方程模型。

学生自我素质教育内容归纳成5个素质模块：思想政治素质、身体心理素质、职业道德素质、职业技能素质、职业发展素质，涉及24个测量指标。以马克思主义的内因与外因的辩证统一关系为理论基础，以人口学特征与外部环境（包括校园文化环境、校园教学设施、师资水平、就业形势、就业压力、家庭收入、父母职业等）为外洐潜在变量，以思想政治素质、身体心理素质等5个素质模块为内洐潜在变量构建了自我素质教育水平影响因素SEM理论模型，提出11条待验证的因果路径。结果表明：从自我素质教育外部影响因素看，既受人口学特征的影响，也受人为因素的干扰，如学院的师资队伍、家庭环境、文化环境等。因此，要提高学生的自我素质教育水平，一是从加强师资队伍建设入手，充分发挥教师队伍的示范作用、引领作用；二是加强学院的校园文化建设、内涵建设，提升学院文化品质，增强学生的荣辱感、责任感、使命感，提高学生的政治思想素质和身体心理素质水平；三是从加强同学生家长的沟通联系入手，注重家庭教育和父母素质的提升，发挥父母的教育功能，提高学生的职业素质水平。

从自我素质教育内部影响因素看，学生的身体心理素质在自我素质教育体系中处于核心位置，直接影响着学生的职业道德素质和职业发展素质。因此，要提高高职学生的自我素质教育水平，关键在于提高学生的身体心理素质。而学生的身体心理素质与政治思想素质存在因果关系，即政治思想素质水平影响着身体心理素质水平。因此，学院应重视思政课程的教学改革，提高教学效果，辅之以有利于学生政治思想教育的外部环境的创设，以外因激发内因，达到提升身体心理素质，提高学生整体素质教育水平的目标。

第二，从学生教学满意度视角，基于“以学生为中心”理念，对高职院校差异化教学质量评价展开研究。

基于哲学基础、多元智能理论、顾客满意度理论等内容，从教材选用、教学态度、教学内容、教学方法、教学效果、学业评价、师资队伍等方面构建基于差异化教学的高职学生教学满意度评价指标体系，以湖南理工职业技术学院在校学生为研究对象开展问卷调查，并对回收有效问卷数据进行了描述性统计分析、因子分析等相关分析。

统计结果表明，在高职教育中，学生教学满意度与态度的6类相关因素在影响作用上普遍存在负相关关系。同时，学生的社会人口特征、知识水平、学习环境、学科背景等因素在不同程度上都会影响他们对学校教学的满意度水平；在个性特征方面，并没有体现出与影响因素之间的显著相关性。因此，对高校教学管理部门及教学一线的教师而言，一方面应关注差异、重视差异，提前掌握学生个人信息，做好实施差异化教学的基础工作；另一方面应采取灵活多变的课堂教学模式。首先，就专业背景而言，文科专业的教师应更加注意教学语言的条理性、教学方法的多样性，同时在教学过程中，要经常告知学生所应掌握的能力及已经掌握的能力。其次，针对入校成绩的差异，对于高分学生，在课堂上可提出难度较大、理解性较强的问题。再次，对女生较多的班级，教师备课要更加充分，语言更加流畅。最后，对于学习基础较差、上课注意力不够集中的学生，要耐心讲解，并利用课间与其多交流、多沟通，增强该类学生的学习动力与信心。同时，要构建科学的、多元化的评价体系，可以借鉴发达国家高职教育的一些较为成熟的学业评价方法，如美国的多维度、多元化的考试评价方法，以课业为主要考核形式的英国BTEC教学模式的评价方法，等等。

第三，从学生教学感知视角，对应用型本科院校课堂教学与实践教学质量评价开展调查研究。

在对应用型本科院校课堂教学质量评价的调查中发现，应用型本科院校课堂教学存在课程设置不合理、实训实习环节薄弱、教师授课按部就班、学生考核方式缺乏科学性等问题，并从优化课程设置与内容安排、实现课堂讲授与实训实习的有效配合、提高教师自身水平与能力以及提高课后作业的有效性等方面提出改进对策与建议。

在对应用型本科院校实践教学质量评价的研究中，发现应用型本科院校实践教学的学生满意度不是很高，主要存在以下几个方面的问题：① 缺乏良好的实践教学环境，实践教学以学校内部实习为主要形式；② 有实践经验的教师不足，对学生的指导性不强；

③ 实践教学普遍内容简单，教学要求低；④ 实践基地建设困难，经费投入不足；⑤ 对实践教学不够重视；⑥ 实践教学方法落后等。同时，以顾客满意度理论为基础，结合当前会计学本科教学主动融入“双创教育”、培养大数据技能、实施产教融合的时代背景，构建了高校会计实践教学满意度结构方程模型，并以湖南省内4所应用型本科院校会计学专业学生为研究对象，探索影响应用型本科院校会计实践教学满意度的前因变量与结果变量。在设计模型时，将学生教学质量感知细分为教学环境、教学内容与教学组织三个部分，有利于对被试学生实践教学质量感知作出更为准确的判断。研究的所有假设都得到了支持，较好解释了高校实践教学满意度的形成机理与产生的影响。研究结果表明：实践教学满意度受学生期望、教学环境、教学内容与教学组织等多方因素影响；同时，实践教学满意度对学生抱怨有显著负向影响，对学生忠诚有显著正向影响。由此提出4条提升应用型本科院校实践教学效果的实现路径：一是践行“实践育人”理念，优化人才培养方案；二是构建多层面的实践教学内容，实行多元化的校内外实训模式；三是扩充师资队伍，提升师资水平；四是增加实践后期的点评讲解，实行考核方式多元化。

第四，以高校服务地方经济为研究视角，分别对高职院校与应用型本科院校服务地方经济的现状与对策展开调查研究。

在高职院校服务地方经济现状及对策研究中，通过实地走访教育主管部门、长株潭各主要职业院校、浏览职业院校的官网等调查方式，对长株潭地区38所高等职业院校服务地方经济发展，从办学基本情况、办学规模、专业设置、师资、教育模式以及学生就业情况等方面进行分析，发现尽管长株潭地区高职教育取得了巨大的成绩，但相比江浙一带的高职教育发展水平差距明显。特别是高等职业院校服务地方经济的能力不足，具体体现在：学校专业设置与地方经济发展定位错位的矛盾突出、“双师型”教师缺少对行业企业的深入学习、实训基础设施不足、学生本地就业率有待进一步提高、高职院校的创新能力不足等。提出提升长株潭高职院校服务地方经济发展能力的建议：① 根据经济建设的目标和地方产业结构，适时调整学校专业结构与课程结构，服务湖南省经济建设的人才培养需要；② 更新人才观念，创新人才管理体制，加大“双师型”人才的引进与培养力度，高效利用社会师资资源，建设一支高水平的“双师型”职教师资队伍；③ 加强长株潭三市内高职院校优质课程资源、优质实习实训基地的建设与合理共享；④ 面向地方经济发展特色，培养“下得去、留得住、用得上”的应用型人才，使学校办学的就业导向和定位与服务地方经济的人才培养目的一致；⑤ 创新长株潭地区校企合作机制，推进校企合作向更广和更深发展，培养一批在行业内有一定影响力的职教集团。

在应用型本科院校服务地方经济现状及对策研究方面，依据高校社会服务职能，从人才培养、科学研究、社会直接服务三大模块构建了应用型本科院校服务地方经济测评指标体系，并根据湖南省16所应用型本科院校服务地方经济的情况开展深入调查，发现湖南省地方本科教育相比经济发达地区的地方本科院校服务地方经济的水平有一些差距，包括学校专业设置对战略性新兴产业支撑不足、高水平“双师型”专业骨干人才匮乏、培养应用型人才的教学设施不足、各院校科研服务地方经济发展不平衡等。同时，提出提升湖南省应用型本科院校服务地方经济发展的对策：① 转变办学理念，主动适应地方经济发展的人才培养需求；② 优化师资结构，多渠道建设高水平的“双师型”队伍；③ 增加教学运营投入，提高校内外实训基地利用率；④ 加强应用型本科院校与战略性新兴企业的互动合作；⑤ 追踪就业状况，多渠道提升高校毕业生的就业质量。

“以学生为中心”是21世纪世界高等教育领域的一种新理念，是我国高等教育逐步由大众教育向普及教育过渡、高校的办学职能和人才培养类型多元化的必然要求，符合时代所需，使学生更好地清楚自己在教学中的主体地位，从而积极主动地为自己的学习质量负责，提高学生学习积极性，这一理念有着丰富的内涵。在研究内容上，本文仅从学生满意度视角构建了高校教学质量评价指标体系，开展教学质量评价研究。在后续研究中，可从用人单位视角、学生家长视角进一步探讨；在研究对象上，由于时间和资源限制，仅对湖南省部分省属高校的教师教学质量开展调查分析，未能涵盖所有的高等院校，对不同区域的高校分区分层开展调查研究，研究成果是否适用于国内所有高等院校，还需进一步调查和论证。“以学生为中心”的教育理念和高校教学质量评价体系的研究仍然处于不断发展的阶段，还需要长期不懈地努力，通过教学质量评价，科学掌握教师教学质量状况，发现教师教学中的不足，对于提高教学质量有着重要的现实指导意义。

# 参考文献


## 一、外文文献

[1] Bentler P M. EQS structural equations program manual [M]. Los Angeles: BMDP Statistical Software, 1995.

[2] Jöreskog K G, Sörbom D. Lisrel 8: structural equation modeling with SIMPLIS command language [M]. Lincolnwood, IL: Scientific Soft-ware International, 1993.

[3] KoD, Stewart W P. A structural equation model of residents' attitudesfor tourism development [J]. Tourism Management, 2002, 23 (5): 521-530.

## 二、中文文献

### (一) 专著

[1] 邱伟光，张耀灿. 思想政治教育学原理 [M]. 北京：高等教育出版社，1999.

[2] 李辉，许文贤，等. 中国化马克思主义教育概论 [M]. 北京：人民出版社，2005.

[3] 张晓静. 自我教育论 [M]. 哈尔滨：黑龙江教育出版社，2004.

[4] 柯惠新，沈浩. 调查研究中的统计分析法 [M]. 北京：中国传媒大学出版社，2005.

[5] 霍映宝. 顾客满意度测评理论与应用研究 [M]. 南京：东南大学出版社，2010.

[6] 潘懋元. 高等学校教学原理与方法 [M]. 北京：人民教育出版社，2003.

[7] 华国栋. 差异教学论 [M]. 北京：教育科学出版社，2003.

[8] 马克思恩格斯选集（第 23 卷）[M]. 北京：人民出版社，1980.

### (二) 学位论文

[1] 程振红. 生涯教育视野下大学生自我教育探究 [D]. 济南：山东师范大学，2008.

［2］张帅帅．基于全面质量管理理论的高校教学质量保障路径研究［D］．石家庄：河北科技大学，2021．
［3］崔智涵．高校教学质量评价系统研究与设计［D］．长春：长春工业大学，2021．
［4］徐保．以学生为中心的本科课堂教学质量评价指标体系构建研究［D］．大庆：东北石油大学，2023．
［5］韩冰．地方应用型本科高校内部教学质量保障体系研究［D］．石家庄：河北科技大学，2022．

（三）期刊论文

［1］马力，王晓君，柳兴国．高校教师教学质量评价指标体系与方法［J］．统计与决策，2005（15）：68-69．
［2］吴虹．基于模糊综合评判法的高校教师教学质量评价体系的构建［J］．统计与决策，2010（3）：166-168．
［3］胡平波．高校教师教学质量评价指标体系维度结构及测量［J］．江西财经大学学报，2010（3）：111-115．
［4］范岩，马立平．优化 BP 神经网络的高校教学质量评价模型［J］．统计与决策，2018，34（2）：80-82．
［5］张林英，高群．高校教学评价 MTS 方法及其应用研究［J］．黑龙江高教研究，2010（11）：60-63．
［6］张丽．基于结构方程模型的高校教师教学质量评价［J］．统计与决策，2014（16）：61-63．
［7］骆兰，薛艳，唐国强．论高校课堂教学质量评估指标体系的构建［J］．高教探索，2006（6）：55-56．
［8］赵辉，沈月琴．学生视角的教学质量评价：一个量表开发［J］．高教发展与评估，2011，27（6）：39-47+134-135．
［9］蔡红梅，许晓东．高校课堂教学质量评价指标体系的构建［J］．高等工程教育研究，2014（3）：177-180．
［10］魏民，单媛媛，郑长龙．“创造的教育”高校课堂教学质量评价工具开发及应用研究［J］．东北师大学报（哲学社会科学版），2022（3）：131-138．
［11］赵作斌，黄红霞．高校课堂教学质量及评价标准新论［J］．中国高等教育，2019（8）：45-47．
［12］高维忠．旅游管理专业实践教学体系学生满意度测评研究［J］．黑龙江高教研究，

2008（2）：66-67.
[13] 王红萍，刘青广，赵亚红. 高校实验教学质量评价体系的构建［J］. 中国成人教育，2008（12）：123-124.
[14] 郑谦，汪伟忠，赵伟峰，等. 应用型高校实践教学质量评价指标体系研究［J］. 高教探索，2016（12）：36-40.
[15] 田鸣，盖馥. 高职实践教学质量评价的实践与探索［J］. 中国职业技术教育，2010（20）：89-91.
[16] 吴天慧，肖卓阳，付向阳. 旅游管理专业实习考核评价体系的构建［J］. 中国职业技术教育，2016（32）：56-60.
[17] 严太山，文怡婷，黄红霞，等. 地方高校实践教学评价体系的设计研究［J］. 教育现代化，2018，5（23）：125-127+154.
[18] 肖轶楠，李佳. 高校实践教学学生满意度影响因素研究［J］. 吉首大学学报（社会科学版），2018，39（S1）：214-216.
[19] 张晓花，朱陈松，朱昌平，等. 基于布迪厄实践理论的新工科实践教学体系构建及评价研究［J］. 实验室研究与探索，2019，38（11）：209-213+238.
[20] 欧珺，吴福根，杨文斌. 基于以学生为中心理念的实验教学质量评价实证研究［J］. 实验室研究与探索，2021，40（7）：209-212+224.
[21] 程斌，张杰. 应用型高校内部教学质量保障体系建设的探索与思考：以安徽科技学院为例［J］. 淮北师范大学学报（自然科学版），2019，40（4）：87-92.
[22] 黄鸿鸿，张静. 好的应用型本科院校教学质量保障体系发展探究［J］. 教育现代化，2019，6（48）：104-105.
[23] 祝利芳. 应用型高校教学质量保障体系构建［J］. 科技创业月刊，2021，34（8）：128-132.
[24] 贠禄，杨红梅，胡玉丽. 以自我评估为核心的应用型高校教学质量保障体系的构建［J］. 梧州学院学报，2022，32（2）：66-72.
[25] 阳军，殷遇骞，杨芳. 高职院校内部的教学质量保障体系与制度建设研究［J］. 科学咨询（科技·管理），2020（6）：7-8.
[26] 史楠凯. 高职院校内部质量保障体系建设研究［J］. 教育与职业，2020（23）：44-50.
[27] 黄清泉. 扩招背景下面向新型学习者的教学质量保障行动策略探究：以高职会计专业为例［J］. 中国职业技术教育，2021（32）：84-90.
[28] 杜文娅，孙越颖，仇军，等. 体育教育专业教学质量保障体系研究［J］. 北京体育

大学学报，2020，43（5）：108-119.

[29] 李博，周萍. 数据治理赋能高校“四新”专业教学质量保障：实践阻塞与路径选择［J］. 中国大学教学，2023（6）：57-62.

[30] 聂文俊. 高职院校教学质量保障与监控困境及应对［J］. 教育与职业，2019（17）：41-44.

[31] 徐玲，高旻，文俊浩，等. 软件工程专业实践教学质量保障体系探索［J］. 实验室研究与探索，2015，34（8）：205-208+217.

[32] 盛欣，姜江. 新建地方本科院校实践教学质量保障体系的构建［J］. 教育探索，2016（9）：95-97.

[33] 李庆丰. 高校内部质量保障体系的完型：本质内涵、演进脉络及健全思路［J］. 国家教育行政学院学报，2023，（1）：63-70.

[34] 赵春鱼，吴华. 高校教学质量保障：一个新的分析框架及其检验［J］. 高校教育管理，2018，12（2）：98-107.

[35] 付星. 高等院校课堂教学质量评估指标体系实证研究［J］. 高教探索，2014（4）：108-111.

[36] 蔡红梅，许晓东. 高校课堂教学质量评价指标体系的构建［J］. 高等工程教育研究，2014（3）：177-180.

[37] 欧珺，吴福根，杨文斌. 基于以学生为中心理念的实验教学质量评价实证研究［J］. 实验室研究与探索，2021，40（7）：209-212+224.

[38] 徐薇薇，吴建成，蒋必彪，等. 高校教师教学质量评价体系的研究与实践［J］. 高等教育研究，2011，32（1）：100-103.

[39] 郑延福. 我国高等教育质量多元化评价指标的设计［J］. 求索，2011（5）：177-178+156.

[40] 孙晓玲，王宁，梁艳. 应用 BP 神经网络的教学评价模型及仿真［J］. 计算机仿真，2010，27（11）：314-318.

[41] 陈玉君. 高职院校教学质量监控与保障问题的思考［J］. 中国成人教育，2010（7）：41-42.

[42] 张俊飞，毕志升，吴小玲. 大数据驱动下的评教系统优化设计［J］. 信息技术，2018，42（12）：21-24+28.

[43] 王美芬. 高职建筑工程技术专业实训教学质量保障体系构建及实证研究［J］. 教育与职业，2015（10）：103-104.

[44] 孙竹青. 网络环境视角下高校教学质量保障体系构建与实践［J］. 工程抗震与加固

改造，2024，46（2）：188.
[45] 舒予. 基于因子分析和方差最大化模型的科研评价指标体系构建［J］. 情报杂志，2015，34（12）：33-37.
[46] 陈承，刘在洲，徐红. 高校科研质量评价指标体系研究［J］. 科技管理研究，2015，35（8）：57-61.
[47] 刘元林，孟庆强，潘莉，等. 实践教学质量监控与评价指标体系的构建研究［J］. 实验技术与管理，2011，28（1）：19-21+24.
[48] 陈红. 高校实践教学质量评价模型的构建与应用［J］. 实验室研究与探索，2009，28（6）：159-161+167.
[49] 孙友然，杨淼，江歌. 基于结构方程的高校实践教学满意度模型构建研究［J］. 高教探索，2016（1）：74-81.
[50] 李淑珍，周永凯，田红艳，等. 艺术设计类专业实践教学质量评价体系构建与实践［J］. 实验技术与管理，2012，29（3）：242-244+247.
[51] 肖云，王骥. 高校在线教学质量评价体系：价值取向与建设策略［J］. 黑龙江高教研究，2020，38（10）：141-144.
[52] 李波. 支持向量机在高校教学质量评价中的应用研究［J］. 计算机仿真，2011，28（10）：402-405.
[53] 李荣华，王涵，刘艳. 高校教师教学评价研究综述［J］. 教育教学论坛，2016（16）：79-80.
[54] 周元琴. 高校二级学院教学质量评价体系的构建与完善［J］. 教育与职业，2013（20）：103-105.
[55] 杨勇. 高校形势与政策课课程教学质量评价指标体系的构建［J］. 教育与职业，2011（35）：185-186.
[56] 王红萍，刘青广，赵亚红. 高校实验教学质量评价体系的构建［J］. 中国成人教育，2008（12）：123-124.
[57] 言实. 素质教育是初中教育的新目标［J］. 上海教育（中学版），1988（11）：21-24.
[58] 王海. 从升学教育到素质教育［J］. 教育研究与实验，1989（4）：16-17.
[59] 燕国材. 向素质教育转轨是深化教育改革的必然趋势［J］. 中小学教学管理，1990（2）：1-3.
[60] “素质教育的概念、内涵及相关理论”课题组. 素质教育的概念、内涵及相关理论［J］. 教育研究，2006（2）：3-10.
[61] 迟艳杰. 素质教育探微［J］. 中国教育学刊，1996（2）：20-23+62.

[62] 高薇薇. 高职院校推进素质教育刍议 [J]. 高等职业教育（天津职业大学学报），2006（6）：56-58.
[63] 张立今. 论高职院校素质教育保障机制建设 [J]. 宿州学院学报，2008（4）：130-134.
[64] 汪家军，陈西玲. 学生自我教育综合评估及其数学模型 [J]. 襄樊职业技术学院学报，2005（5）：109-111.
[65] 姜丹. 高校学生自我素质教育初探 [J]. 华东政法学院学报. 2000（S1）：54-56.
[66] 王成文. 自我教育是实施学生素质教育的有效方式 [J]. 教育理论与实践，2001（4）：62-63.
[67] 李秀梅. 自我教育在素质教育中的作用及实现模式 [J]. 安阳工学院学报，2005（2）：153-155.
[68] 藏铁柱，刘丽佳. 浅谈图书馆员的自我素质教育 [J]. 图书馆学刊，2000（4）：43-44.
[69] 马荣华. 素质教育中的学生自我教育与自我管理 [J]. 辽宁工程技术大学学报（社会科学版），2000（4）：72-73.
[70] 王永锋. 浅谈个性与自我教育能力在素质教育中的作用 [J]. 商洛师范专科学校学报，2001（3）：49-51.
[71] 郑浩. 自我教育是实施素质教育的有效途径 [J]. 青海师专学报·教育科学，2004（1）：95-97.
[72] 汪建军. 高职院校素质教育的几点思考 [J]. 黑龙江科技信息，2008（9）：132.
[73] 梁怡. 高职教育开展素质教育的探索与实践 [J]. 成人教育，2009，29（1）：80-81.
[74] 田晓明，蒋晓虹. 心理学视野中的大学素质教育 [J]. 学术界，2008（3）：168-175.
[75] 刘晓伟. 关于素质教育价值取向的思考 [J]. 浙江大学学报（人文社会科学版），2008（1）：192-198.
[76] 邓友超. 对新时期素质教育的再思考 [J]. 中国教育学刊，2006（6）：20-22.
[77] 韩延伦. 高校素质教育的理论意义、实践价值及实施的基本要求 [J]. 现代大学教育，2002（6）：72-74.
[78] 柳德玉. 多元智力理论对评价改革的启示 [J]. 教育探索，2004（5）：40-41.
[79] 肖国香. 高职思想政治理论课学习成绩评价模式探讨 [J]. 湖北大学成人教育学院学报，2008，26（6）：70-72.

[80] 钱敏，叶文振. 从学生满意度进行的高职“差异化教学”研究：以福建金融职业技术学院为例 [J]. 高等教育研究（成都），2007（1）：71-73.
[81] 梅喜雪. “多元智力”学说在高职教育中的运用 [J]. 安徽电气工程职业技术学院学报，2005（1）：122-125.
[82] 汤成超. 基于伙伴关系的差异化教学 [J]. 上海教育科研，2006（12）：45-46.
[83] 张蓓，林家宝. 大学教学满意度影响因素实证分析：基于学生期望与学生感知质量的视角 [J]. 复旦教育论坛，2014，12（4）：59-65.
[84] 胡国良，黄美初. 成人高校翻转课堂教学满意度测量及影响因素研究：基于 MOOCs 的实证分析 [J]. 远程教育杂志，2017，35（2）：104-112.
[85] 庄腾腾，姚继军. “新工科”背景下我国理工科本科生专业课教学满意度的影响因素研究 [J]. 高校教育管理，2020，14（4）：73-86.
[86] 朱连才，王宁，杜亚涛. 大学生在线学习满意度及其影响因素与提升策略研究 [J]. 国家教育行政学院学报，2020（5）：82-88.
[87] 李伟明，袁丹，姜焰凌，等. 农村订单定向医学本科生实践教学满意度及影响因素研究 [J]. 中国卫生事业管理，2019，36（8）：620-624.
[88] 孙文志，黄玮，李宁，等. 教学过程与生产过程对接的实践教学体系构建与实现 [J]. 实验室研究与探索，2019，38（3）：206-209.
[89] 秦秋红. 提高高校教学的学生满意度探微：基于会计学原理教学的视角 [J]. 新西部（理论版），2012（14）：131-132.
[90] 成丙炎，朱红. 对高校社会服务职能内涵的思考 [J]. 教育与职业，2008（5）：35-37.
[91] 刘卫华. 云南新建地方本科院校服务地方经济发展研究 [J]. 衡水学院学报，2011，13（6）：91-94.
[92] 李凡. 高校社会服务职能评价指标体系的构建 [J]. 中国高等教育评估，2011（1）：38-41.
[93] 陈东冬，李志宏. 新建本科院校师资队伍评价体系研究 [J]. 国家教育行政学院学报，2016（5）67-72.

## （四）电子文献

[1] 新华社. 中共中央关于制定国民经济和社会发展第十四个五年规划和二〇三五年远景目标的建议 [EB/OL].（2020-6-20）[2020-6-22]. http://www.gov.cn/zhengce/2020-11/03/content_ 5556991.htm.

[2] 教育部. 国家中长期教育改革和发展规划纲要（2010—2020年）[EB/OL].（2010-7-29）[2020-6-22]. http://www.law-lib.com/law/law_ view.asp? id=317571.

[3] 新华社. 中共中央、国务院印发《中国教育现代化2035》[EB/OL].（2020-6-20）[2020-6-22]. http://www.gov.cn/zhengce/2019-02/23/content_ 5367987.htm.

[4] 新华社. 中共中央、国务院印发《深化新时代评价改革总体方案》[EB/OL].（2020-6-20）[2020-6-22]. http://www.gov.cn/gongbao/content/2020/content_ 5554488.htm.

[5] 教育部关于印发《普通高等学校本科教育教学审核评估实施方案（2021—2025年）》的通知 [EB/OL].（2020-6-20）[2020-6-22]. http://www.moe.gov.cn/srcsite/A11/s7057/202102/t20210205_ 512709.html.

**图书在版编目（CIP）数据**

以学生为中心的高校教学质量评价研究 / 刘喜梅，潘立军，罗先进著. -- 湘潭 : 湘潭大学出版社，2024.12. -- ISBN 978-7-5687-1616-1

Ⅰ. G649.21

中国国家版本馆 CIP 数据核字第 20244TX558 号

**以学生为中心的高校教学质量评价研究**

YI XUESHENG WEI ZHONGXIN DE GAOXIAO JIAOXUE ZHILIANG PINGJIA YANJIU

**刘喜梅 潘立军 罗先进 著**

**策划编辑**：渠珊珊
**责任编辑**：渠珊珊　黄皓羽
**封面设计**：李　平
**出版发行**：湘潭大学出版社
**社　　址**：湖南省湘潭大学工程训练大楼
**电　　话**：0731-58298960 0731-58298966（传真）
**邮　　编**：411105
**网　　址**：http://press.xtu.edu.cn/
**印　　刷**：长沙创峰印务有限公司
**经　　销**：湖南省新华书店
**开　　本**：787 mm×1092 mm 1/16
**印　　张**：9.25
**字　　数**：184 千字
**版　　次**：2024 年 12 月第 1 版
**印　　次**：2024 年 12 月第 1 次印刷
**书　　号**：ISBN 978-7-5687-1616-1
**定　　价**：45.00 元